U0640850

汉语言文字形式表达与文化传播

李 婧 王 锐◎著

吉林出版集团股份有限公司

图书在版编目（CIP）数据

汉语言文字形式表达与文化传播 / 李婧，王锐著
. — 长春：吉林出版集团股份有限公司，2022.9
ISBN 978-7-5731-1960-5

Ⅰ．①汉… Ⅱ．①李… ②王… Ⅲ．①汉语－文字学
－研究②汉语－文化传播－研究 Ⅳ．①H1

中国版本图书馆 CIP 数据核字（2022）第 157241 号

汉语言文字形式表达与文化传播

著　　者	李　婧　王　锐	
责任编辑	白聪响	
封面设计	林　吉	
开　　本	787mm×1092mm	1/16
字　　数	220 千	
印　　张	10.5	
版　　次	2022 年 9 月第 1 版	
印　　次	2022 年 9 月第 1 次印刷	

出版发行　吉林出版集团股份有限公司

电　　话　总编办：010-63109269

　　　　　　发行部：010-63109269

印　　刷　北京宝莲鸿图科技有限公司

ISBN 978-7-5731-1960-5　　　　　　　　　　　定价：68.00 元

版权所有　侵权必究

前　言

在新时代背景下，随着科技的迅猛发展，汉语言文字获得快速传播。但在应用与传播的过程中出现了不规范的现象，这阻碍了汉语言文字的发展。因此，汉语言文字规范化成为亟待关注的问题。本书从新时代汉语言文字规范化的必要性入手，分析新时代汉语言文字规范化存在的问题，并在此基础上深入探讨规范汉语言文字的措施。

汉语言文字的发展伴随着我国几千年历史发展进程，在历史的长河中，我国人民对文字进行不断的创新，如今的汉字在形体上已经发生巨大变化，与早期的甲骨文有着本质的区别，具有独特的审美特点。我们需要在前人的基础上从艺术的角度欣赏与保护汉语言文字，注重汉字的美学特色，不断开拓创新之路。

我国拥有着 56 个民族，不同地域、不同民族均在长期的历史发展中形成了自身语言书写特色及声音特色，同样的汉语言文字，在不同地域中的发音也各有不同，各具特色。不同地域的方言如民谣般拥有婉转的韵律，而随着我国现代化建设的不断深入，方言文化面临着巨大的冲击。为彰显文化特色，有学者对我国主要方言进行了材料收集，并选取其中一些诙谐的方言及韵调，在视觉方面及语音层面进行对比，充分展现了我国大江南北的方言文化特色。

从流程方面来分析，对于汉语言文字的传播创新设计，需要本着迭代开发的原则。和传统设计不同，交互设计是迭代开发的模式，其主要涉及一系列短小和固定长度的小项目，所以这也被称为一系列的迭代，其涉及了设计、实现与测试等方面。所以用句老话来说，长江后浪推前浪，这是很有道理的。设计在不断地研究和更新的过程中，关于文字的设计，可以将交互设计作为一种依托，培养能够通过数字设计，实现实时动态的更新，也可以使文字的设计传播具有更新的生命力和更深远的影响。

目　录

第一章　现代汉语言文字形式表达

第一节　汉字

一、汉字常识

文字是记录语言的书写符号系统，是最重要的辅助性交际工具。文字是在语言的基础上产生的。人类有了文字，突破了语言在时间和空间上的限制，扩大了语言的交际功能。汉字是记录汉语的书写符号系统，它是汉族人的祖先在长期的社会实践中逐渐创造出来的。我国历史上流传着汉字是仓颉一个人创造出来的说法，这显然是不正确的。汉字是世界上最悠久的文字之一，殷商的甲骨文距现在已有3000多年的历史。汉字产生的时间比这要更早，西安半坡遗址距今有五六千年，从遗址出土的彩陶上有一些重复出现的简单符号，这些符号同流传下来的古代汉字有某些相同之处，很可能是古汉字的前身。汉字也曾被我们的邻国如朝鲜、韩国、越南、日本借去记录他们的民族语言，至今，日本、韩国等国家还在使用汉字。

世界上的文字分为两大类：一类是表音文字；另一类是表意文字。汉字是表意体系的文字，具有超时空性。

成熟的汉字产生至今已有几千年，其形体不断发生演变和简化，先后出现过八种各具特色的形体：甲骨文、金文、大篆、小篆、隶书、楷书、草书、行书。小篆是历史上第一次出现的规范化的汉字，在汉字形体演变史上具有重大意义；隶书是古今文字的分水岭；楷书是最常使用的一种汉字形体。

汉字有四种造字法：象形、指事、会意、形声；有两种用字法，即假借和转注。形声造字法构造简便，有较高的能产性，所以在汉字发展史上其数量呈上升趋势。在汉语中，形声字占绝大多数。

因为汉字存在难读、难写、难记、难懂等不足，我们必须对汉字进行改革，以适应社会发展的需要。新中国成立以后，在汉字改革方面取得很大成绩。

当前，语言文字工作的中心是促进语言文字的规范化、标准化。汉字的标准化要求对汉字进行"四定"，即定量、定形、定音、定序。1988 年，国家语言文字工作委员会、国家新闻出版署发布《现代汉语通用字表》，收录汉字 7000 个，这可以看作是现代汉语通用的汉字。国家语言文字工作委员会、国家教育委员会发布《现代汉语常用字表》，其中常用字 2500 个，次常用字 1000 个。

二、汉字规范使用

《中华人民共和国国家通用语言文字法》规定，推行规范汉字。只有使用规范汉字，才能充分发挥汉字的交际功能，更好地为现代化建设事业服务。

规范汉字指符合新中国成立后，国家有关部门发布的汉字整理方面的字表和权威字书中规定的汉字。有关部门发布的汉字整理方面的字表，主要有《简化字总表》《第一批异体字整理表》《现代汉语通用字表》。目前，我们要继续推广运用国家已经批准使用的简化字，不走回头路。但我国实行对外开放以来，尤其是港澳回归后，大量的台港澳及海外华文信息资料进入大陆，于是有人认为用繁体字才合潮流，他们不分对象，不根据需要与否，滥用繁体字。另外，社会上还存在着乱造简化字、书写错别字的现象，影响汉字交际，有的还给工作带来损失，这是同当前社会主义建设事业的需要很不适应的。作为文字工作者应该避免出现类似的情况，严格使用规范汉字，掌握整理规范过的汉字。第一，认真学习《简化字总表》，不写不规范的简体字；第二，认真学习国家规定的《第一批异体字整理表》，掌握表中所选定的规范字，不用异体字（用于姓氏的异体字除外）；第三，不写错别字。如此，才能确保汉字的规范化，保证交流的正常进行。

第二节　汉语词汇与使用

一、汉语词汇常识

（一）词汇与词

词汇和词是两个不同的概念。词汇是一种语言中所有的（或特定范围的）词和固定短语的总和；词是语言中能独立运用的最小的语言单位。从广义上来说，一种语言只有一种词汇，词汇是词的集合体。词汇和词的关系是集体和个体的关系，它好比树林和树的关系。我们可以说，汉语词汇、日语词汇等，还可以指某一个人或某一作品所用的词和固定短语的总和，如《鲁迅全集》的词汇。我们可以说"丰富"这个词，不能说"丰富"这个词汇。

作为一种语言，有它的物质外壳——语音，有建筑材料——词汇。没有建筑材料就盖不了房子，同样没有词汇就不能造句子。对于一个人来讲，掌握的词越多，他的词汇就越丰富，也就越能够表达自己的情感和思想。我们应该在日常生活中，有意识地积累和丰富自己的词汇量，主要是向生活学习，在生活中自觉地收集、记录各种各样的词汇。同时，还要大量地阅读古代、现代和当代的文学作品、理论文章和科技文献，从中吸收生动的语言营养。此外，还要多动手，即多写文章，通过写作，熟练地运用各种语言词汇，以便达到熟能生巧的程度。

（二）词义及词义的构成

词义是词的意义，例如"人"的词义，是能够制造工具和使用工具进行劳动的高等动物。广义的词义可以包含"词汇意义"和"语法意义"。比如："祖国"的词汇意义是自己的国家；词的语法意义是在语言中所承担的语法功能，即能充当什么句子成分，表示什么样的语法关系。比如，"祖国"一词是名词，在句中常做主语、宾语和定语。"或者"是连词，用于连接词、短语或句子，表示选择关系，但不能充当句子成分。词汇学讲的词义是指词汇意义，是狭义的词义。

词义是由理性义和附着在理性义上的色彩义构成的。

1.理性义

词义中同表达概念有关的意义部分叫词的理性意义或概念意义，它反映了词的概念内容，是词的主要部分。比如，在《现代汉语词典》里，作为书写工具的笔，有毛笔、铅笔、钢笔、圆珠笔，它们的理性意义分别是：

笔：写字画图的用具。

毛笔：用羊毛、鼬毛等制成的笔。

铅笔：用石墨或加颜料的黏土做笔芯的笔。

钢笔：笔头用金属制成的笔。

圆珠笔：用油墨书写的一种笔，笔芯里装有油墨，笔尖是个小钢珠，油墨由钢珠四周漏下。

词的理性意义的作用在于它给词所联系的事物划定一个范围，凡是在这个范围内的事物，都包括在理性意义之内，没有被划定在这个范围内的事物，都不属于这个词的理性意义。如上面所举的关于"笔"的例子，光是"笔"，其含义范围就很广，因为"凡是写字画图的工具",都可以包含在这个范围内,而毛笔、铅笔、钢笔和圆珠笔虽然都是笔,但其制作成分又各有不同,而从写字和画图的工具这点上看,它们具有笔的共同特点。但毛笔是"用羊毛、鼬毛等制成的笔",而铅笔、钢笔和圆珠笔就进入不了这个范围。词典中所做的解释主要是词的理性意义。

2. 色彩义

词的理性意义虽然是词的主要部分,是实词中不可缺少的部分,但并不是全部内容。除理性意义之外,词还有附加在理性意义之上的色彩意义。词的色彩意义是人们在交际中产生的,和人们在使用中的感情、形象感来源有关系。词的色彩意义包括感情色彩、语体色彩、形象色彩。

感情色彩:有些词表达了人们对客观事物的赞许、褒扬和贬斥的感情,这就是词的感情色彩。其中,凡是具有褒扬色彩的词,我们通称为"褒义词"。这些词反映了人们正义、健康的感情。例如:

英雄、模范、敦实、安康、漂亮、和谐、道德、奉献、健康、大方、慷慨、诚信、正义、和平、体贴、关怀、幸福、壮丽。

而有些词,表明人们对某些客观事物的反对、厌恶的感情,这就是词义中的贬义色彩,我们称这类词为"贬义词"。这些词指出一些非正义、不正当的事物。例如:

走狗、流氓、倒爷儿、小人、马虎、巴结、虚伪、小气、沉沦、吹捧、懒惰、推诿、勾结、奉承、霸道、阴暗、叛徒、小偷。

有些词,并不具有明显的褒义和贬义,我们称这类词为"中性词"。例如:

个体、集体、理由、结论、工人、士兵、山脉、马匹、松树、手套、油轮、东来西去、跑。

但是,有些词原本是一些中性的词,在构成句子或短语时也产生了褒义或贬义的感情色彩。比如,"不是玩意儿",其中的"玩意儿"本来是中性词,但在这个句子中,却具有了贬义色彩。又如,这块面包硬了点儿,"硬"本来是中性词,但在这个句子中也具有贬义色彩。

语体色彩:语体色彩指各种不同的词语在社会交际中,运用在不同的语体中,因而具有不同的语体色彩。语体色彩又叫作文体色彩,是指不同的词语适合于不同的社交场合或不同的文体,因而具有不同的色彩。例如:

投入、凝聚、机遇、信念、珍视、侵犯、腾飞、母亲、风貌。

这些词因多用于书面语,比较庄重、典雅,有文采。而口语色彩则比较自然、亲切、通俗、易懂。例如:

聊天、妈妈、今儿、牛犊子、哥们儿、藏猫儿、马驹子。

在言语交际中，选择不同的语体色彩的词，能够表现出交际者的不同文化修养以及运用语言的不同特点。

形象色彩：汉语中还有些词具有形象色彩。这些词给人带来事物的形象感。具有形象色彩的词，其色彩除了表现在形态方面之外，还包括动态、颜色、声音等。例如：

动态色彩：失足、上钩、乐颠颠、饮恨、雾里看花、碰碰车。

颜色色彩：红彤彤、金灿灿、黑乎乎、白茫茫、绿油油。

声音色彩：稀里哗啦、轰隆隆、叮咚、哇哇、呜呜。

词的形象色彩往往在文学作品中得到很好的运用，增强了语言的形象感。不同的地域、阶层、行业、集团的习惯用语也都具有自己特殊的语言色彩。

（三）单义词、多义词

每个词都有一定的意义，根据义项的多少，可分为单义词和多义词。一个词只有一个义项，那么这个词就叫单义词；如果一个词同时存在两个或两个以上义项，这个词就叫多义词，也叫一词多义。比如：科学术语：电子、元音、血压等；专有名词和常见事物的名称：北京、黄山、老舍、桌子、期刊等；新生词：下岗、大腕、走穴、股市等。这些都属于单义词。

多义词是随着社会的发展以及人的认识能力的深化，在交际中，从单义词逐渐发展而来的。也就是说，一个词从原来的一个义项发展为几个意义有联系的不同的义项：例如："打"这个词，就有多个义项："打鼓"——击打、"打毛衣"——编织、"打旗"——举、"打一把刀"——制造、"打行李"——捆绑、"打蜡"——涂抹、"打洞"——凿开、"打电话"——发出等等。

多义词的大量存在是词汇丰富的一种表现，因为一个词每增加一个义项等于产生一个新词，因而扩大了它的使用范围。如此，比增加新词更为经济便利。虽然多义词有互相联系的几个意义，但是它对语境的依赖性很强，在一定的语境中它只有一个意义，是不会产生歧义的。

多义词有互相联系的几个意义，但这几个意义的地位并不是平等的，其中必然有一个意义是基本的、常用的，这个意义就叫基本义。但是，基本义并不都是词源学上说的词的原始意义。例如，"兵"的原始意义是"武器"，它的基本义是"战士"。当然，绝大部分多义词的基本义和原始义是一致的。词的其他意义是由基本义直接或间接转化而来的，称为转义。多义词的转义主要是通过引申和比喻两种方法产生的。由基本义直接发展引申出来的意义叫引申义。凡由基本义通过比喻的方法产生的新义叫比喻义。例如，"放"：

基本义：解除束缚——把俘虏放回去。

引申义：发出——放冷箭。

扩张——把图放大了一倍。

搁置——把手头上的事先放一放。

再如，"近视"：

基本义：视力缺陷——灯光太暗，眼睛容易近视。

比喻义：目光短浅——他不重视前途，眼光太近视了。

又如，"堡垒"：

基本义：防御敌人进攻的坚固建筑物。

比喻义：难以攻破的事物——我们要向科学的堡垒进军。

有的词的比喻义比基本义的使用率还高。比如，"包袱""堡垒"等等。由于多义词是一词多义，在辨别的时候，一定要考虑上下文的意思，并且联系具体的语境来把握一个词在特定句子中的特定意义。这是正确选择和使用词汇的必要途径。

多义词是一个词包含两个或两个以上的意义，但几个意义之间有联系。多义词要和同音词区别开。同音词分为两类：一类是同音异形词，如青—轻—清—氢；另一类是同音同形词，如"别""别来了""胸前别上花""别了，朋友"。这个"别"有几个不同的意义，但意义之间没有联系，属于同音词。多义词和同音异形词是比较好区分的，一看就一目了然，多义词与同音同形词书写形式相同，特别容易混淆，要认真区分。从意义上看，多义词的各个意义之间彼此有联系，存在着相似或相关的联系，而同音同形词的意义之间则毫不相干。从理论上讲，同音同形词的同音词是多词多义，而多义词是一词多义，这点必须注意。以"花"为例进行分析：

①买了一束花（供观赏的植物）。

②这布太花了点儿（颜色错杂）。

③花了三元钱（用掉）。

④小李广花荣（姓）。

例①、例②是多义词。例①是花的基本义，例②是花的引申义，同花的基本义是有联系的；例③、例④"用掉"和"姓"没有意义上的联系，是同音词。

（四）同义词

意义相同或相近的一组词叫同义。同义词可分为等义词和近义词两种。

1. 等义词

这类词不论从哪一方面来看，意义都相同，在语言中通常可以互换。例如：

自行车—单车、玉米—棒子、青霉素—盘尼西林、太阳—日头等等。

这些等义词在语言运用中没有什么积极作用，只能增加人们的学习负担，是词汇规范的对象。

2. 近义词

意义相近的一组词叫近义词。例如：

愤怒—愤慨、思念—怀念、改进—改造、充分—充满、渴望—希望、交换—交流、激烈—猛烈、简单—简略、商量—商榷，等等。

这类同义词意义不完全相同，有种种细微的差别，一般所说的同义词主要是指这类同义词。这类同义词在语言中大量存在，在语言交际中有其积极的作用。在现代汉语中，表示同一事物、同一概念往往有几个甚至十几个、几十个同义词。精心选择同义词对增强语言的表达效果，无疑具有积极的作用。其具体表现在：可以使语言的表达精确严密。比如，同样是表示"看"这个动作的，各种细微差别就有："看""瞧""睹""望""瞟""眺望""瞭望""瞻""瞻仰""仰视""鸟瞰""张望""环视"等等。这些"看"的同义词，表示往远看、向上看、向下看等细微的差别。正确选用同义词会使语体风格更加鲜明突出。比如，公文语体所用的词"此致""特此""兹""莅临"等等，就显得既庄重，又得体。同义词可以使文句生动活泼，富于变化。例如：

我们以我们的祖国有这样的英雄而骄傲，我们以生在这个英雄的国度而自豪（魏巍《谁是最可爱的人》）。

选择不同色彩的同义词，可以表达一种委婉的语气。比如，不说"犯罪青年"而说"失足青年"，不说"落后"而说"后进"，不说"受伤"而说"挂彩"等等。

同义词连用可以加强语势，不是一般意义上的简单重复，而是达到修辞上的强调的目的。例如：你看那毛竹做的扁担，多么坚韧，多么结实，再重的担子也挑得起（袁鹰《井冈翠竹》）。

另外，不少成语是通过两个同义词拆散连用、交叉搭配构成的，例如：

家喻户晓、千方百计、流言蜚语、花言巧语、七嘴八舌。

同义词在语言表达中有其积极作用，但要想用好就必须对同义词进行辨析，找出其细微差别。同义词的辨析主要从理性意义上、色彩意义上、词性和用法这三方面进行。

理性意义的辨析包括：①意义的轻重，如"优秀"和"优异"都有"好"的意思，但"优异"的程度要比"优秀"更重一些。②范围的大小，如"时代"和"时期"都是指社会和人生发展的某一阶段，但"时代"所指的时间长，而"时期"所指的时间就可长可短了。③个体与集体不同，也可以说具体与概括不同，如"树"和"树木"，都是指木本植物的通称，但是"树木"是指集体，而"树"是指个体。④搭配对象不同，如"关心"和"关怀"都表示给予关注。但"关心"的范围很广，不光是指人，也可以指事物；既可以是别人，也可以是自己；既可以对上，也可以对下。"关怀"的对象是有限的，它只能是对别人，不能对自己，并且一般只能用于上对下。

色彩意义的辨析主要包括：①感情色彩不同，如"果断"和"武断"，有褒义和贬义的区别；"荣誉"与"名誉"，有褒义与"中性"的区别。②语体色彩不同，包括书面语色彩和口语色彩。如"母亲""妈妈"，前者用于庄重的场合，有书面语色彩；后者适用于一般场合，有通俗的口语色彩。③词性的不同，如"突然"和"忽然"，都有动作变化快、出人意料的意思，都可以做状语，如"他突然转过身来""他忽然转过身来"。但是"突然"还可以做谓语、定语、宾语，如"情况很突然""突然事件""感到突然"，而"忽然"只能做状语。因此，一般认为"突然"是形容词，"忽然"则是副词。

同义词之间的细微差别表现在各方面，有的是错综交织在一起的。例如："铲除、根除、拔除"都有"使除掉"的意思，但它们在词义上既有轻重的不同，也有用法的不同，还各有不同的搭配对象。同义词的差别是客观存在的，要想准确地运用同义词，就得分辨同义词之间的差别，否则很容易出现用词不当的错误。

（五）反义词

意义相反或相对的一组词叫反义词。例如：上—下、前进—倒退、成功—失败、有—无、光明—黑暗、冷—热，等等。反义词是针对词与词的关系来说的，不是就词与短语的关系来说的。例如："干净"和"不干净""好"和"不好"等虽然构成了反义关系，但不是反义词，因为这是词和短语。构成反义词的两个词必须属于同一意义范畴，如"快"和"慢"都是速度的范畴，这是反义词。

反义词分两类：一类是绝对反义词，这类反义词意义绝对相反，肯定甲，必否定乙，肯定乙，必否定甲，两者中间不容许有非乙非甲的第三种意义存在。例如：生—死、动—静、男—女，等等；另一类是相对反义词，这类反义词肯定甲，就否定乙，肯定乙，就否定甲。但否定甲，就不一定是肯定乙。否定乙，也不一定肯定甲。因为还有丙、丁等其他意义存在的可能。例如："软—硬""白—黑""大—小"，等等。由于词义中有多义词和同义词的存在，因而一个多义词往往有几个反义词。例如："深"，衣服颜色深—衣服颜色淡、井深—井浅、这本书内容深—这本书内容浅显、友谊深厚—友谊淡薄。

二、现代汉语词汇的组成

词汇根据内部成员的地位和作用不同，可分为基本词汇和一般词汇。

（一）基本词汇

词汇中最主要的部分是基本词汇，它是全民族最必需的、意义最明确的、使用频率最高的，它和语法一起构成语言的基础。例如：表示自然界事物的水、火、雷、电、花、草、天、地；表示人体各部分的心、头、手、脚、耳、鼻、口、牙；表示生产和生活资料的米、油、车、船、房屋、门窗、蔬菜、刀；表示亲属关系的爷爷、奶奶、妈妈、爸爸、丈夫、妻子、弟弟、妹妹；表示人和事物行为变化的跑、跳、说、笑、学习、发展、写、画；表示人和事物性质状态的大、小、好、坏、美丽、快乐、甜、苦；表示人称和代称的你、我、他（她）、这、那、每、谁、什么、哪儿。另外，还有表示时间方位的、表示数量的、表示程度范围的、表示关联语气的等等。

基本词汇为全民族、全体成员经常使用，因为不能轻易变动，人们也愿意用它作为构成新词的基础，所以基本词汇具有稳固性、能产性、全民常用性的特点。但应该注意的是，这三个特点是就基本词汇的整体来说的，不是说所有的基本词都具备这三个特点。

（二）一般词汇

语言中基本词汇以外的词汇是一般词汇，一般词汇中的词叫一般词。一般词的数量要比基本词多得多，它虽然没有基本词汇那样强的稳固性，却有很大的灵活性。一般词汇随着社会的发展是经常变动的。社会的发展变化在语言中首先反映在一般词汇上。新词总是先进入一般词汇，在语言发展的过程中，又能逐渐地取得基本词的性质，转为基本词。一般词汇中包括新词、古语词、方言词、外来词、行业语、隐语等。

三、常见的用词错误

运用词语必须注意规范化的问题，主要是准确理解词语的意义和掌握词语的用法，做到准确无误地表达，这样才能使词语的使用做到健康和纯洁。我们常见的用词错误主要有以下几个方面：

（一）生造词语

随着时代的变迁，一些旧词逐渐消亡，新词不断出现，都是正常现象，但新词的产生必须符合约定俗成的客观规律，必须得到全民的认可。有的人"标新立异"，出自个人的意愿，随意生造语，从而造成不好的影响。例如：人们都到商店去买自己满意的货品。

句中的"货品"好像是"货物"和"产品"的任意缩减，让人很难理解到底是什么意思，这无疑属于生造词语。

又如：在 20 世纪 90 年代中，便有了《中国可以说不》《妖魔化中国的背后》等一系列作品排发而出。

句中的"排发"一词既不是出版术语，又不是人们公认的新词，使人很难弄懂是什么意思。还有人把"七上八下"写成"七下八上"，把"游泳技术"写成"泳术"，把"赶潮流的人"写成"潮人"，把"思忖"写成"忖思"，均属生造词语。

（二）望文生义

汉语中有些词语，从字面上看，其意义和实际意义并不相符，假如不很好辨析词义，很容易将其混淆。比如："祸起萧墙"中的"萧墙"一词，有人以为是"破墙"的意思，所以写为"萧墙里是倒塌的房屋，萧墙外是逃荒的灾民"，这样理解就闹出笑话；还有成语"不刊之论"，本来指正确的、不能修改的言论，"刊"在这里是修改和删除的意思，结果被理解成"不能刊载的言论"，这和原意截然相反。

（三）割裂词语

在汉语中合成词的一个很重要的特点，就是有相对固定的结构形式，一般情况下不能插入其他成分，虽然有离合词，但数量很少，不能类推。有的人不了解这个特点，时常将词型割裂开来。例如：将"汇报"写成"汇了一次报"、把"参观"写成"参了一次观"、将"小心"写成"小点儿心"等等。

（四）爱憎不分

在汉语中有些词语的意思虽然相近，但其感情色彩不相同，如果用得不好，就会出现某些爱憎不分的情况。例如：敌人付出了很大牺牲，才占领了一小块阵地。"牺牲"是褒义词，用在敌人身上是很不合适的。又如：这本思想内容很健康的新书终于出笼了。"出笼"是贬义词，不能用在正面的事物上，既然是一本好书出版了就不能用"出笼"来形容。

（五）词意不当

所谓词意不当，主要有大词小用和逻辑混乱两种情况。比如：特大喜讯：本店降价出售一批短裤，售完为止。商店为了增加其利润，不惜夸大其词，令人难以置信。又如：在这次建校活动中，一班同学建立了很大的功勋。不分场合和地点，不讲究条件、分寸，把一个很严肃的词"功勋"用在了一般事物上。再如：这两个同志闹别扭了，在支部的调解下，经过磋商，和好了。"磋商"一词用于两个团体或两个单位之间对某些重大问题的商榷，用在这里分明是大词小用。

四、熟语

熟语又称为习惯用语，它是人们常用的已经固定化了的某些短语，也是一种特殊的词汇单位。由于熟语的性质和作用相当于词，人们在运用它的时候，就像运用词一样，因此又把它当成一个语言单位来使用。

熟语中包括成语、惯用语、歇后语等，其中成语的使用最普遍。成语有意义的整体性、结构的凝固性的特点。成语言简意赅，恰当地使用成语，可以使言语简洁。反义成语的对比使用，可以形成鲜明的对照，增强语言表达效果。但是，需要恰当地使用成语：第一，不要看成语的字面意义，要弄清成语的实际意义；第二，成语是凝固结构，一般应该沿用原型，不能随意变换和增减其中的成分；第三，成语有其确定的字形和读音，要分辨清楚，不能写错读错。

五、词汇的发展变化及规范化

（一）词汇的发展变化

词汇的发展变化主要表现在：新词的产生、旧词的逐渐消失和变化、词义的扩大、词义的缩小和词义的转移。

随着社会的不断发展与进步以及人类实践领域的不断扩大，词汇也在不断发展。新事物不断出现，人们的新认识不断形成，都要求有相应的词来指称，于是新词就随之产生了。旧事物和旧观念的消失，标志它们的词语也逐渐地退出交际舞台。随着人们认识的加深和观念的转变，利用旧词指称新认识、新事物，因而许多词的意义发生转移，出现深化现象，义项增多，一些旧词又被使用起来。语言内部的变化发展也是词汇发展的重要原因。

（二）词汇的规范化

词汇使用规范化的主要目的是为了使祖国的语言更加健康和纯洁，使人们的交流更通顺、流畅，信息传播的效率更快更高。词汇的规范化必须考虑三个原则：一是必要性；二是普遍性；三是明确性。

词汇的规范化，主要包括以下几个方面：①方言词的规范。普通话的词汇是在北方方言词的基础上发展起来的，它包括汉民族共同使用的和逐渐发展为共同使用的词。近百年来，很多基础方言和非基础方言进入普通话中，丰富了普通话的词汇，但这也造成很多分歧和混乱。我们要本着必要、普遍、明确三原则，对那些已进入普通话中的方言予以保留，但对某些地方色彩太浓的方言，除必要的情况下，要谨慎地加以对待，不能滥用方言。比如：把"经常"写成"流水"、把"公鸡"写成"鸡公"等等。②外来词的规范。凡能用汉语表达的一般不要再用外来语，如"连衣裙"不要再用"布拉吉"。除了国名、人名、地名之外，一般都要采用意译的方式翻译，如用"话筒"不用"麦克风"等等。③古语词的规范。古语词的吸收是丰富现代汉语词汇的一个重要途径，但必须根据实际表达和特殊场合的需要而选用那些有表现力的词语，如"瞻仰""谒见"等；反对吸收那些已经失去生命力的词语，如"衔泣""滥觞"等。对于新词，主要从满足交际的需要出发，那些所谓"新词"，凡是意义含混不清、结构不符合汉语构词习惯的、硬造和生造的，尽量不要使其流通。例如："刚开始"写成"刚始""疲劳"写成"疲累"等，都要加以规范。

第三节 汉语语法常识

语法是词、短语、句子等语言单位的结构规律。在现代汉语中，语素、词、短语、句子是语言的四级语法单位。语素怎样组合成各种结构的词，词怎样组合成各种短语，短语和词怎样形成各种句子，其中都存在着一定的规律。"语法"这个术语有两种含义：一种是指语言中客观存在的语法事实、语法规律本身；另一种是指语言学家对语言事实的分析研究，从中概括总结出来的语法学体系和理论，表现为语法学和语法书。

一、词类的划分

词可以从不同的角度去分类。词类是词的语法性质的分类，分类的依据是词的语法功能、形态和意义，主要是词的语法功能。形态变化只能作为次要标准。词的意义只能作为词类划分的参考标准。

根据词的语法功能，我们把词分为实词和虚词两大类。实词有词汇意义，能独力充当句子成分；虚词没有词汇意义，有语法意义，不能独立充当句子成分。实词分为名词、动词、形容词、代词、数词、量词、副词、拟声词、叹词；虚词分为介词、连词、助词、语气词。每一类词都有它不同的语法特征。比如，名词的语法特征，经常做主语和宾语，能和数量词组合，不能和副词组合，能用在介词的后边组成介词短语，名词不能重叠。动词的语法特征，能同副词组合，大多数不能同程度副词结合，表心理活动的动词和表意愿的动词前面可用程度副词修饰，动词多数能带宾语。动词后边一般可以带"了""着""过"等助词。一部分动词可以重叠，动词经常做谓语。形容词的语法特征，大部分形容词能同程度副词组合，但"雪白""通红""笔直""绿油油"等形容词前面不能加程度副词，形容词不能带宾语。绝大多数形容词能直接充当谓语。

二、实词的误用

了解词的分类和词的语法特征，主要是为了讲清楚词的用法，避免词的误用。词类误用大多数是由于没有掌握词的用法。

（一）名词、形容词、动词的误用

例如：

1. 我在工厂、农村见闻了许多新人新事。句中的"见闻"是名词，在这里误用为动词。

2. 他散布种种捏造。句中的"捏造"是动词被误用为名词。

3. 这本书厚，那本书薄，两本书悬殊了几百页。句中的"悬殊"是形容词，在这里误用为动词。

4. 小刚和小明参加数学竞赛，小刚比其他人很优势，最终获得了第一名。句中的"优势"是名词，在这里误用为形容词。

5. 他不但对文学艺术感兴趣，而且对自然科学也很钻研。句中的"钻研"不是表示意愿、心理活动的动词，因此，不能被副词"很"修饰。这个句子可改为：而且对自然科学也很有研究。

（二）数词、量词的误用

例如：

1. 这个炼钢车间，由十天开一炉变为五天开一炉，时间缩短了一倍。句中的"一倍"应改为"一半"或"二分之一"。因为数目的减少不能用倍数，只有数目的增加才能用倍数。

2. 这个人大约四十岁左右。句中的"大约"和"左右"重复，使用概数要防止重复或矛盾。又如，"近二百多个学生"中的"近"和"多"重复。

3. 公共汽车的票价是：四站以下两块钱，四站以上四块钱。句中的"以上"和"以下"划界不清。平时在语言运用中有时会出现这样的误用，应引起注意。

4. 这学期他二门功课都考了一百分。

5.今天他们俩个一起去锻炼。

在例4中，"二门功课"应改为"两门功课"。"二"和"两"的意义相同，但用法习惯有差别，当单独用在度量衡量词前时，除"二两"不能用"两两"外，用"二"用"两"都可以，如"二斤""两斤"。但单独用在其他量词前就只能用"两"而不能用"二"，如"两个"不能说"二个……"（在"位"前，"二"和"两"都可以用）。在例5中，"俩"是"两个"的意思，后面不能再同量词"个"组合，应把"俩"改成"两"。如"我俩"不能说成"我两个"，"姐俩"不能说成"姐两个"。

6.目前，日本约有三万台机器人，……机器人多用于汽车装配、炼铁、搬运、冲压、喷漆等工种。

7.他家在村子的南边，面对一幢小山。

在例6中，因为是机器人，应把"台"改为"个"。在例7中，因为是山，应把"幢"改为"座"。什么样的名词使用什么样的量词，在现代汉语普通话中，有一个约定俗成的要求。

（三）副词的误用

例如：

1.新来的校长跟老校长一样，更会体贴老师。句中的"更"应改为"很"，因为"更"表示程度进一步增加，用于程度比较。两个校长既然一样，就不能用"更"。

2.李明经常缺课，今天没来不是偶尔的。句中"偶尔"是副词，应该改为形容词"偶然"，应该注意的是形容词和副词都能做状语，常常有误用的情况。

3.小丽劳动很卖力气，咱厂的人没有一个不说她劳动不积极的。这是多重否定的误用，双重否定表示肯定，三重否定还是表示否定。运用多重否定时，稍不留心就会把话说反。例3的意思正好和原意相反，应去掉最后一个"不"。

（四）代词的误用

1.人称代词"我""你""他""她"后面加上"们"表示复数和群体概念。

男性群体用"他们"表示，女性群体用"她们"表示，男女兼有的群体，都用"他们"来表示，而不应该用"他（她）们"来表示。

2."我们"和"咱们"在用法上有一定的区别，"咱们"包括说话人和听话人双方，"我们"和"咱们"在同一场合出现时，"我们"只包括说话人一方的群体，排除听话人的一方。例如：我们走了，咱们再见吧。如果只用"我们"时，只包括说话人一方的群体，也可以用于包括说话人和听话人双方。

代词也有使用不当的情况，一种是指代不明。例如：

1.那位瘦瘦的女看守看来也奇怪，她似乎很听这位女人的话，她支使她，不论什么事她差不多都能瞒过其他警卫和看守照着去办。

2.从延安路到胜利桥只有六七里，胜利桥到红旗路只有七八里，这段距离并不远。

例1中的第二个"她"是指"女看守"还是"这位女人"不明确，从全句看，是指"这位女人"，应把第二个"她"改为"这位女人"，使"她"专指"女看守"。例2中的"这段"指代不明确，应按实际情况予以改正。

三、虚词的误用

（一）介词的误用

对于、对都用来表示对象，但"对"的使用范围比"对于"宽。

1.表示人与人的关系时，只能用"对"，不能用"对于"，如"他对于我很关心"，应为"他对我很关心"。

2."对"能够用于指示动作的对象，相当于"朝""向"，"对于"是没有这个功能的，如"小李对我很有好感"不能说成"小李对于我很有好感"。

3."对"可以用在能愿动词或副词的前后，而"对于"只能用于能愿动词和副词的前面。例如：我们会对这件事做出交代的，全班都对这样做有意见。两个例句中，一个将"对"用在"会"之后，一个用在"都"之后。假如，改用"对于"，前一句应改为"我们对于这件事会做出交代的"，后一句改为"全班对于这样做都有意见"。

介词"在"，经常跟方位词"上、中、下"构成方位短语组成介词短语，表示动作、行为的时间、处所、方位、条件或范围等。"在……上""在……下"中间插的应该是名词或名词性短语，一般不能是谓词性短语。但"在……上"中间也可以插入兼名词的动词表示范围，但不能插入动宾短语。例如，可以说"在学习上"，但不能说"在学习汉语上"。"在……下"中间不能插入主谓短语。

（二）连词的误用

凡是连接词、短语、分句和句子的词都称为连词。它主要分两大类：表示联合关系的，例如：和、跟、与、同、及、以及、而、并、不但、而且等；表示偏正关系的，例如：虽然、但、但是、可是、然而、即使、如果、那么、因为、所以、因此、无论等。

1.连词"和"在连接并列的句子成分时，一定要分清层次，否则会造成层次不清。例如：校长和老师和同学一起去博物馆去参观。两个"和"不能连用，头一个"和"改成"、"。

2.或（或者）：或（或者）同"和"极易弄混，"或"表示选择，或A或B，多项选一；"和"表示联合，两项或几项兼有，不了解这点，就会出现错误。例如：啤酒是沈阳市或大连市的产品。句中的"市"和"市"不是选择关系，应把"或"改为"和"。

3.及其："及"是连词，"其"是代词，"及其"就是"和他（们）的"的意思。有时不注意，会出现使用不当的情况。例如："前不久，我和妈妈及其几个邻居阿姨都去旅游了。"句中的"及其"应改为"以及"。

4.还是："还是"和"或者"都表示选择，用在"无论、不管"一类词后。两者可以交换。例如：不管他还是我，都不能忘记这件事。句中的"还是"可以换成"或者"。"还是"还可以用于疑问句中，"或者"不可以。例如：辩证法，或者哲学？句中的"或者"应为"还是"。又如：他到底想去北京，或者去广州？句中的"或者"应为"还是"。

5.而："而"最常见的格式是"为……而……"，表示动作的目的。例如：从那以后，我爱上了记者这一行，并且作为一名人民记者而自豪。句中把"作为……"和"为……而……"混用，使意思不清，可以保留"而"，把"作为"改为"为自己成了"。"而"字连接动作表示结果，前面要跟"因、由于"等介词搭配，否则其因果关系不明确。例如：他怕被追究责任而不举报，被开除出党。句中应在"怕"前面加"因为"或"因"字。

（三）助词的误用

1.的、地、得：这三个字都是结构助词。的、地、得分别是定语、状语、补语的标志。了解和掌握这三个助词的用法，目的是为了增强语言的准确性，以免出现歧义，更好地进行交流。例如：这件事儿办的不太好。句中的"不太好"是补语，应该用作为补语的"得"。又如：全报社的同志对这个问题进行了深入地讨论。句中的"进行"是准谓宾动词，宾语不是状中短语，而是定中短语，应把"地"换成"的"。再如：她高兴得说："好，就这样吧！"句子中的"高兴"是状语，应把"得"改为"地"。

2.着：表示动作正在进行或状态正在继续，否则不能用"着"字。例如：我们都希望着这件事能朝好的方向发展。动词"希望"本身就含有持续的意思，所以不用"着"字。把句中的"着"字去掉就行了。又如：单位给我们每个人一张银联卡，这说明着领导对我们是多么关心啊！句中"说明"作为补充式动词，没有必要加"着"。

3.了：了是表示实现的动态助词，有时使用不恰当，容易同其他词发生冲突。例如：广大农村正在掀起了科学种田的新高潮。句中"了"与"正在"的意思冲突，或者把"了"删去，或者把"正在"删去。

此外，一些语气词；例如，"啊"不能写成"哦、阿、呵"，把"吧"写成"罢、巴"都是不规范的。

四、短语

短语是由两个或两个以上的词按着一定的语法规则组成的没有句调的语言单位。词和词的组合在意义上、语法上都能搭配。有的是实词和实词的组合，有的是实词与虚词的组合。

（一）短语的结构类型

1. 主谓短语：由两部分组成，前一部分是陈述的对象，后一部分是对前一部分的陈述。例如："大家开会""阳光灿烂""今天星期一""成绩好"。

2. 动宾短语：由动语和宾语两部分组成，动语在前，宾语在后，动宾之间是支配和关涉的关系。例如："保卫祖国""听讲座""祝贺大家""接受批评"等。

3. 定中短语：由定语和名词性中心语两部分组成，其间是修饰和限制的关系。例如："我的祖国""东北大米""野生动物""良好的作风"等。

4. 状中短语：由状语和动词或形容词作中心语两部分组成，其间有修饰和限制的关系。例如："立刻回来""认真讨论""一句一句地说""共同完成"等。

5. 中补短语：由中心语和补语两部分组成，补语在中心语的后面，补充、说明前面的中心语。例如："说得好""好极了""买了一次""看到深夜"等。

6. 联合短语：由两个或几个词性相同、语法地位平等的部分组成，各部分之间有并列、承接、选择、递进等关系。例如："老师同学""北京还是上海""光荣而伟大""讨论并通过"等。

7. 同位短语：由两个或几个部分组成，各部分的词语不同，但所指相同，共作一个成分。例如："总理周恩来""我们大家""首都北京""'红'这个字"等。

8. 方位短语：由方位词直接附着在名词性或动词性词语后面组成。例如："大门外""同学之间""搬迁后""校门前边"等。

9. 量词短语：由数词或指示代词加上量词组成。数词加量词组成的短语叫数量短语，指示代词加量词组成的短语叫指量短语，统称量词短语。例如："五条""九公里""三次""这十章"等。

10. 联谓短语：两个或两个以上的谓词性词语连用，谓词性成分之间没有语音停顿和关联词语，也没有主谓、述宾、中补、定中、状中、联合等关系。例如："去书店买书""坐下谈话""听了很高兴""看着心烦"等。

11. 兼语短语：由前一个动词的宾语兼作后一个谓词的主语，即动宾短语的宾语和主谓短语的主语套叠，形成一个宾语兼主语的兼语。有兼语的短语叫兼语短语。兼语前的动词大多有使令或促成的意义。例如："请你过来""让你去上海""有人敲门"等。

12. 双宾短语：由两部分组成，前面部分是表示给予或索取意义的动词，后面部分两个宾语，一个是间接宾语是近宾，一个是直接宾语是远宾，两个宾语之间没有联合和偏正关系。例如："教我汉语""告诉你一个好消息""请教老师两个问题""借他五十块钱"等。

13. 介词短语：由介词附着在名词等前面组成。介词短语可以做状语，修饰谓词，用来标明动作的工具、方式、因果、施事、受事、对象等多种语义。例如："［用大杯］喝水""［比从前］好得多""［对于］我们""［关于］这件事"等。

14. 的字短语：由结构助词"的"附着在词或短语的后面组成指称人和事物的短语，属于名词性短语。例如："教书的""开汽车的""吃的""大的"等。

15. 所字短语：由结构助词"所"附着在动词前面组成，是名词性短语。例如："所发明""所创造""所想""所做"等。

16. 比况短语：由比况助词附着在词语后边组成，表比喻，属于形容词性短语。例如："兄弟般""触电一样""孩子似的""木头似的"等。

（二）短语的功能类型

短语的功能有两个方面：一是在句子中充当语言成分；二是加上语调独立成句。短语的功能是由它跟别的词语组合时能充当什么句子成分，相当于哪类词所决定的。凡是能够做主语、宾语，功能相当于名词的，叫名词性短语，通常以名词为中心语；能做谓语，功能相当于谓词的，叫谓语性短语，大多以动词、形容词为中心语。在这两个类别中，还可以包括若干小的结构类型，大体如下：

联合短语（名词性成分），联合短语（谓词性成分）；

偏正短语（定中结构），偏正短语（状中结构）；

同位短语，述中短语；

方位短语，中补短语；

量词短语（名量结构），连谓结构；

"的"字结构，兼语结构，"所"字结构，比况结构。

（三）多义短语

和词的多义性一样，短语也具有多义现象，有些形式相同可能会有两种或两种以上的意义，即出现了同形异义的现象，这种短语称为多义短语。例如，"学习材料"就有两种理解：一是学习文件的必要性；二是学习文件的种类。又如："鸡不吃了"，这个短语，就可能理解为鸡是受事者，是被吃的对象；又可以理解为鸡是施事者，是说鸡不再吃食了。短语的多义性不仅在简单短语里有，有些复杂短语也存在多义现象。例如："热爱人民的军队"，可以理解为"军队是热爱人民的"，也可以理解为"人民热爱军队"。多义短语的情况比上面所说的还要复杂，但有些在上下文的语境中可以消除多义，即由多义变成单义。多义短语在语境中如果不能排除多义性，就会产生歧义。歧义属于语病，在交际中就容易使人产生误解。因此，这是必须避免的。消除歧义的办法很多，但主要有以下几种：

一是适当增加词语，或者换用表义清晰的词语。如：一个报社的记者，假如指的是某个报社的全体记者，可以把句中的"一"字换成"整"字；假如指的是报社里的某个记者，就可以把句子中的"个"改成"位"。又如：三个学校的学生，如果是指"三个学校"就把"个"改为"所"，如果是三个学生，可以把"三个"放到"学生"的前面。改为"学校的三个学生"。

二是改变词组结构。例如：不恰当地管理员工，如说的是一种管理方式，就可以改为"管理员工不恰当"的主谓结构，使谓语陈述主语如何；如果是指管理的程度，那就改成"没有恰当地管理员工"，这样就由状语结构变成了以"没有"为述语的述宾结构了。又如：东西送去了，可以理解成"东西已经送去了"，这样就可以变成"把"字句，说成是"把东西送去了"；如果还没去而正在送去，就改成"去送东西了"，这是联动结构，强调行为的动作性。

三是把长句改成几个短的分句，同时调整整个句子的顺序，使意思表达得更清晰、更明白。这也不失为一个好办法。例如：才上小学的小明的妹妹小英就承担起照顾残疾哥哥的任务，可以改成"小明的妹妹小英，才上小学，就开始照顾残疾的哥哥"。

四是在句子中适当地增加一些词语，防止歧义的出现。例如：进口电视机，既可以理解成"已经进口的电视机"，也可以理解成"想进口一些电视机"，我们分别可以改成"进口一些电视机"或"进口的电视机"。

五是调整语（词）的顺序。像前面举的例子，一个报社的记者，如果是指人数的话，就可以改成"报社的一位记者"。同理，两个同志买的西瓜，假如同样指的是数量的话，也可以改成同志买的两个西瓜。语（词）调整以后，领属关系发生变化，消除了歧义，意思也就表达清楚了。

五、句子

句子是具有一定的句调，能够表示相对完整的意思的语言单位。词和短语是造句的备用单位，一部分词加上句调可以单独成句，成为独立句。例如："那是什么？""飞机！""谁去开会讨论？""他。"本来"飞机""他"都是词，但是加上句调就成为句子了。大多数短语加上句调可以成为句子，如"谁是最可爱的人"，将其加上句调，就变成了句子"谁是最可爱的人？"如果没有句调，再长的语言单位也不能成句。句子分单句和复句。句子可以根据不同的标准来分类，根据句子的语气分出的叫句类。

在主谓句动词性谓语句里还有几个特殊的句式：把字句、被字句、兼语句、连谓句、双宾句、存在句等。这里只介绍把字句和被字句。

（一）把字句

把字句是指在谓语动词前头用介词"把"引出受事、对受事加以处置的一种主动句。把字句共有四个特点：

一是在动词前面和后面总是有其他成分，动词不能单独出现，特别是不能出现单音节动词。通常后面有补语、宾语、动态助词，起码要有动词的重叠式。例如："把杯子放到桌子上。""把书的封面写上名字。""把那把门钥匙带着。"有时也可以在动词前面加上状语。例如：别把那把门钥匙带着。假如动词前面的是动补型的双音节词，就可以单独出现。例如：不能把孩子丢下。

二是"把"的宾语在意念上，通常是有一定的、已知的人和事物，因此，其前面会带上"这、那"一类的修饰语。例如：把这本书带上。

三是谓语动词通常都有处置性，就是动词对受事者有着积极的影响。因此，不及物动词、能愿动词、判断动词、趋向动词以及"有、没有"等不能用来做谓语动词。在把字句中，没有经过处置的动词比较少见。例如：只把封面看了一遍。

四是"把"字句短语和动词之间，通常不能加能愿动词、否定词，它们只能放在"把"字的前面。例如：作者把要求改正文章中某些错误的信件，没有寄给编辑部，而寄给某同志。句中"没有"应该放在"把"字前边。又如：我把青春愿意献给新闻事业。句中能愿动词"愿意"应该放在"把"字前边。

（二）被字句

被字句是指在谓语动词前面，用介词"被"（给、叫、让）引出施事或单用"被"的被动句，它是受事主语的一种。使用被字句要注意以下三个问题：

一是动词一般都有处置性，动词后面多有补语或别的成分。假如要用一个双音节动词，它的前面就要有能愿动词、时间词语等状语。例如："手机让我的老婆拿去了。""左手被机器轧伤了""这样说容易被人接受"等。

二是主语所表示的受事必须是有定的，假如没有特定的语境，就不能说"一个人被他撞了"，应该说"这个人被他撞了"。

三是能愿动词和表否定、时间等的副词只能置于"被"字前。例如："全部车票都被报销了""这个内部信息已经被人给捅出去了"等。

（三）常式句、变式句

句子中各个成分处于通常的位置叫常式句。变式句是相对常式句而言的，是颠倒原来句子的语序，也叫倒装句，是为了强调和突出语用目的。比如：

（1）祖国的春天，多美丽呀！（常式句）

（2）多美丽呀，祖国的春天！（变式句）

常见的变式句有：

1.主谓倒置

主语在前，谓语在后，这是一般常式句的语序。有时也会把谓语放到主语前边，这往往是为了强调谓语或因为紧急情况先把重点说出来。比如：

（1）怒吼吧，黄河！

（2）起来，饥寒交迫的奴隶！

（3）掉下来了，石头！

2.定语、状语后置

定语、状语在中心语的前边是正常语序，有时把定语、状语放在中心语的后边。比如：

河塘四周，长着许多树，蓊蓊郁郁的。（定语后置）

海边有许多好看的石子儿，红的、白的、粉的。（定语后置）

我要写下我的悲哀，为子君，为自己。（状语后置）

全国各地的学生考入北京大学，从上海，从广州，从新疆等地。（状语后置）

（四）句子的变换

句子的变换主要是根据表意的需要，依据一定的规则，把一种句子换成另外一种句子。句子的变化有以下几种：

1.句类之间的变换

例如：

（1）他上班去了。（陈述句）

（2）他上班去了吗？（疑问句）

对陈述句所表述的意思提出疑问，既可以把陈述的语调上升，也可以在陈述句后面加上"吗"，使其变成疑问句。

例如：

（1）小明哪儿也不去。（陈述句）

（2）小明哪儿也不去吗？（是非问句）

（3）小明哪儿也不去呢？（反诘问句）

上述句子中使语调上升或者加上"吗""呢"都可以使句子变成疑问句，但是"小明哪儿也不去吗？"是单纯的疑问句，后者则有"小明哪儿也不去，又能怎么样"的意思。此外，相同句类的内部也可以变换。

例如：

（1）您想什么？（特指问句）

（2）您想什么了呢？（是非问句）

特指问句的"什么"是一般疑问的用法，而后者"什么"已变成虚指用法，二者是有区别的。

2. 句型之间的变换

例如：

（1）她辽宁人。（名词谓语句）

（2）她是辽宁人。（动词谓语句）

前一句是名词谓语句，具有口语色彩，没有否定式；后一句是动词谓语句，口语书面语皆可使用，有否定式：她不是辽宁人。

例如：

（1）教室里坐着四十个学生。（存在句）

（2）四十个学生坐在教室里。（一般动词谓语句）

这是动词谓语句内部的变换，存在句与动词谓语句的变换。

还有否定句和肯定句之间的变换。

例如：

（1）学好古汉语很难。（单纯肯定句）

（2）学好古汉语不容易。（单纯否定句）

前者的语气比较重，而后者的语气则比较轻。

如果是双重否定句，其语气必然会更重。

例如：

（1）要想取得好成绩，必须刻苦努力。

（2）不刻苦努力，是不能取得好成绩的。

显然，后一句的语气要比前一句重得多。

六、常见的句法错误

学习语法的目的，是让我们懂得句子的基本结构规律，知道句子应该怎样组织，不应该怎样组织。为了更好地培养理解运用语言的能力，有必要了解句子常见的语法错误，并能纠正语法失误。常见的句法错误有如下几方面：

（一）搭配不当

1. 主语和谓语搭配不当

由于对词义的搭配不理解，从而造成主语和谓语的搭配不当。例如：它每年的发电量，除了供给杭州使用外，还向上海、南京等地输送。

这个句子中的主语中心词是"发电量"，而谓语动词是"输送"，正确地表达"输送"的应该是"电"，而不是"发电量"。显然，句中的主谓语搭配是不合适的，主语应改为"它每年发的电"。

2. 动词和宾语搭配不当

例如：我们要彻底铲除"四人帮"的流毒和影响。

句中的"影响"和"流毒"不是指具体事物，所以用"铲除"是不合适的，应该改为"我们应该肃清'四人帮'的流毒并消除其影响"。

3. 定语、状语、补语跟中心语搭配不当

例如：我们的祖国幅员广大，有优裕的自然资源。

定语"优裕"和中心语"自然资源"不搭配，应改为"丰富"。

又如：老板口口声声欺骗那些雇工。

这个句子是状语"口口声声"跟中心语搭配不当，应改为"挖空心思"或者是"千方百计"。

再如：你对我们照顾得太周全了。

这个句子是补语与中心语搭配不当。"周全"应该改为"周到"。

4. 主语和宾语意义上不搭配

例如：今年麦子的收成是几年来收成最好的一年。

从句子中可以看出，"收成"的应该是"麦子"而不应该是"一年"，应该改成"今年是几年来麦子收成最好的一年"或者"今年麦子的收成是几年来最好的"。

（二）残缺和多余

假如不符合省略的条件而省略了句子中的成分，致使句子结构不完整，表达的意

思不清楚、不准确，这就叫残缺；相反，由于在句子中多了某个成分而使句子不清楚、不准确，这就叫多余。残缺和多余大体上有以下几种情况：

1. 成分残缺

（1）主语残缺

例如：通过这次参观访问，使我们受到了很大的启发和教育。

句子中由于滥用了介词"通过"，致使句子主语残缺。因为介词短语不能充当主语，所以应当删去介词"通过"，把"这次参观访问"作为句子的主语，或者去掉"使"，让句中的"我们"做句子的主语。

（2）谓语残缺

例如：南堡人民经过一个冬天的苦战，一道44米高、20米宽、700米长的拦河大坝，巍然屹立在目溪边。

这句话说了主语，还没有说出谓语就另起炉灶，因而造成谓语残缺，句中的"经过"应该提到句子的前面，用"经过……的苦战"做句子的状语，让"一道……大坝"做句子的主语。

（3）宾语残缺

例如：不少同志带病来参加水利工程。

句中的"水利工程"不能够做"参加"的宾语，在句子的后面应该加上"建设"，改为"不少同志带病参加水利工程建设。"

2. 成分多余

所谓成分多余是指在句子中一些成分和其他成分在意义上完全相同，或者已经包含在其他成分中了，这个成分就是多余的。

例如：他的文章曾经在《辽宁日报》上全文连载发表。

句中的"连载"就是"发表"的意思，这两个词连用，实际上是同义词重复，可以把其中的一个去掉。

（三）语序不当

有的句子定语和中心语的位置颠倒。

例如：最近几年，我国丝绸的出口，深受各国顾客的欢迎。

这个句子语序不当，"丝绸"是主语的中心语却放在定语的位置上，应改为"我国出口的丝绸"。

又如：这次会议对开展研究性学术的问题也交换了广泛意见。

句中的"广泛"是状语，应当在"交流"的前边，却放在了定语的位置上。

例如：夜深人静，想起今天一连串发生的事情，我怎么也睡不着。

这个句子也是语序不当，把定语放到了状语的位置上了，应改为"……发生的一连串事情"。

例如：校长、副校长和其他学校领导出席了这届迎新会。

句子属于多层定语语序不当，句中的"其他学校的领导"是指别的学校领导，还是本校的其他领导，指向不明确，有歧义。从结构上看，"其他"是"学校"的定语；但从文义上看，则应是"领导"的定语，改为"校长、副校长和学校其他领导"。

例如：这件事对我们大家当时震动很大。

句子属于多层状语语序不当，句中"对我们大家"是表示对象的状语，"当时"是表示时间的状语，表示时间的状语应当放在前面，因此，应改为"这件事当时对我们大家震动很大"。

（四）句式杂糅

同一个内容，往往采取不同的说法，如果在写文章时不知道用哪种方法好，结果既想用这种方法，又想用那种方法，将两种方法用在一起，致使句子出现杂糅现象，形成了两个句子的混杂。

例如：不仅这样，他们还把小岛建成花园一样美丽。

该句子是把两种结构套在了一起，出现了混杂，应改为"把小岛建设得像花园一样美丽"或者"把小岛建成美丽的花园"。

例如：考试场设在一间古色古香的大厅里举行的。

这个句子也出现了结构上的杂糅，有两种改法：一是改为"考场设在古色古香的大厅里"；二是改为"考试在一间古色古香的大厅里举行"。

例如：我一定做好受群众欢迎的编辑工作。

句子中"做一个受群众欢迎的编辑"是一套结构，"做好编辑工作"又是一套结构，只能保留其中的一套。

七、复句

复句是大于单句的语言单位，是由两个或两个以上的意义上有联系，结构上互不做句子成分的分句组成的。复句里的分句是类似于单句而没有完整句调的语言单位，可以是词，也可以是主谓短语，还可以是非主谓短语。复句的语法关系是通过词序和关联词表示的，关联词在复句中占重要的位置。复句中各分句之间一般有语音停顿，书面上用逗号、分号或冒号表示。复句分联合复句和偏正复句两大类。

（一）联合复句

联合复句包括：并列关系、顺承关系、解说关系、递进关系和选择关系等五种类型。几个分句表示同一方面的几个事物或者同一事物的几个方面，一般用"也""还""另外""同时""同样""既……又（也）""一边……一边""一方面……另一方面""一会儿……一会儿""有时……"等关联词语。

1. 并列关系

复句中几个分句的地位是完全平等的，没有主次之分，分句分别说明相关的几件事情、几种情况，或者同一事物的几个方面。例如：

老栓一面听，一面应，一面扣上衣服。

有时并列的复句还可以通过正反两方面来说明某一事实。例如：

真理是时间的产物，而不是权威的产物。

有时并列关系的复句也可以不用关联词。例如：

五岭逶迤腾细浪，乌蒙磅礴走泥丸。

2. 顺承关系

复句中的几个分句表示连续的动作或连续发生的事情。

分句之间有先后相承的关系，常用"又""就""便""接着""然后"等关联词语。例如：愿为事业献青春，献了青春献终身，献了终身献儿孙。

这类复句也可以不用关联词语，直接通过句序来表示复句的关系。例如：我温了酒，端出去，放在门槛上。

3. 解说关系

复句后面的分句是对前面分句（或者是前面的分句对后面的分句）的解释、说明、补充和总结，一般不用关联词。例如：

（1）恒星都很大，差不多每一颗都能装下几百万个地球。

（2）对自己"学而不厌"，对人家"诲人不倦"，我们应取这种态度。

4. 递进关系

复句后面的分句在语意上要更进一层，经常用"不但（不仅、不单、不光）……而且（还、也）""并且""甚至""何况""尚且……何况"等关联词语。例如：

（1）"费厄泼赖"尤其有流弊，甚至于可以变成弱点，反给恶势力占便宜。

（2）没有花，只有刺，尚且不可以，何况只有骂。

5. 选择关系

复句中两个或两个以上的分句分别说出几种情况，这几种情况不能同时存在，要求从中选择一种。表示选择关系的复句有两种类型：

选择未定：在可供选择的几项中，或甲或乙，非此即彼的选择。例如：

（1）或者当记者，或者当编辑。

（2）努力于提高呢，还是努力于普及呢？

选择已定：对两个可选择的事物做出明确的取舍，常用"与其……不如""宁可……也"等成对的关联词语，有时也用"宁可""与其""不如""还不如"等关联词语。例如：

（1）与其站着等车，不如走着去。

（2）宁可牺牲个人利益，也不能损害集体利益。

（二）偏正复句

偏正复句也包括五种类型，它们分别是：转折关系、因果关系、条件关系、让步关系和目的关系。

1. 转折关系

这种复句前后的分句的意思不是顺承下来的，而是产生了某种转折，于是后一个分句的意思相反或偏离，是意念的重点，为正句，经常用"虽然（虽、虽说、尽管）……""但是""但""可是""可""然而""却""不过""只是""倒"等关联词语，关联词语可以单独使用，也可以成对使用。例如：巴黎公社尽管失败了，可是它的历史功勋是不可磨灭的。

有时表示转折关系的复句也可以是正句在前，偏句在后。例如：现在还不是收麦的时候，尽管麦子已经快要成熟了。

2. 因果关系

复句的几个分句，有的表示原因，一般在前面，为偏句；有的表示结果，在后面，为正句。

表因果关系的复句有两种情况：

一是说明因果，即以既定的事物来说明因果关系，常用"因为……所以""因此""因而""从而""以致""致使""由于"等关联词语。例如：因为马克思有了广博的知识基础，所以能筑起他的学术高塔。

有的复句表示因果关系时，用"之所以（所以）……是因为"来做关联词语，这类复句是先说结果，后说原因。例如：之所以没去旅游，是因为最近工作太忙。

二是推论因果，就是依据一定的关系来推断因果关系，可以由因推果，也可以以果推因，常用"既然（既）……就（那么）""可见"等关联词语。例如：既要革命，就要有一个革命党。

表示推论因果关系的复句有时也可以正句在前，偏句在后。例如：不要再批评了，既然他已经认识了错误。

3. 条件关系

复句中的几个分句，有的表示条件，有的则表示在这个条件下可能或必然产生的结果。表示条件的分句一般在前为偏句，表示结果的分句一般在后为正句。其有三种类型：

（1）假设条件：前面的分句提出一个假设条件，后面的分句说明在这个假设条件下会产生的结果；经常用"如果（假如、如、假使、倘若、若是、要是）……那么（那、就、便）"等关联词语。例如：若是扬沙天气，汽车就推迟出发。

还有一种用法，就是前后两个分句说的是相关的两件事情，假如承认前面的是事实，就得承认后面的也是事实。例如：如果说新中国成立是让人民当家做主人，那么改革开放就是让广大群众过上小康的生活。

（2）特定条件：复句中的前一分句提出具体条件，后面则说明具备这个或有了这个条件后产生的结果。一般用"只有……才""只要……就""除非……才"等关联词语。例如：只要你说得对，我们就改正。

（3）任何条件：不管前面的分句提出什么条件，后面的分句都表示取得同样的结果，实际上是一个"无条件句"。例如：不管前面有多少艰难险阻，我们还是要向前进。表示条件关系的复句，假如条件十分明确，可以省略关联词语。例如：没有共产党，就没有新中国。

4. 让步关系

前面的分句对后面的分句有假定的意味，而后面的分句对前面的分句又有转折的意味。通常前面的分句为偏句，后面的分句为正句，一般使用"即使（就算、就是、纵然、哪怕）……也（还、都）"等关联词语。例如：在赛场上，就是赢不了，也要坚持到底。

复句是让步关系的，有时也可以正句在前，偏句在后。例如：还是留下吧，即使你觉得这里不适合你。

5. 目的关系

在复句中，有的分句表示目的，有的分句表示行为，表示行为的是正句，表示目的的是偏句。正句的位置按不同词语的需要，有的在前，有的在后。这种复句一般用"为了""为""为的是""以便""用以""好""以免""免得""省得"等关联词语。例如：

（1）为实现四个现代化，我们要坚持科学的发展观。

（2）你还是先和人家打一下招呼，以免到时找不到人。

（三）多重复句

复句一般由两个分句构成，有时即使是两个以上的分句所形成的关系，也依然是在一个构造层次上。如果一个复句有两个以上的分句，而且各句的关系不在一个层面上，即具有两个层面以上的关系，这就构成了多重复句。

（四）紧缩复句

在日常口语和比较自由活泼的文体里，为了使语言表达得更清楚、明了、准确，复句还有一种紧缩的形式。这里的"紧"是指紧凑，紧掉了复句中的语音停顿；"缩"就是缩减了句子中某些词语，特别是一些关联词语。而它依然具有复句的特点，这就是紧缩复句。

（五）复句中常见的错误

1. 分句之间缺乏一定的逻辑关系

复句中的几个分句，必须有严密的逻辑联系，不遵守这个原则，写出来的句子就会出现语病。例如：

（1）我们需要认真总结一下几个月来的学习经验，因为我们的学习目的是明确的。

（2）我们如果不好好学习外语，就不能提高自己的政治思想水平。

（3）这两个复句中，分句之间没有必然的逻辑关系，所以是错句。

2. 结构混乱，层次不清

复句特别是多重复句，各分句的结构关系是相当复杂的，如不注意上下文的联系，就会出现层次不清、结构混乱的语病。例如：近两年来，他的科研成果又有新的提高，其中有两项不但达到国际先进水平，而且填补了国内这方面的空白。

这个句子的两个分句的递进关系颠倒了，应该把次序对调一下，使之构成由轻到重的递进关系。

3. 关联词语应用错误

在复句中，关联词语是表示各分句之间关系的标志，是否用关联词语，是成对用还是单用以及用在什么位置上，都是有一定规则的。下面是常见的几种关联词语应用的错误：

（1）搭配不当：成对使用的关联词语，不能随意拆换，否则就会造成搭配不当的语病。例如：人们只有解放思想，努力学习，就可以掌握科学技术知识，并且有可能成为科学家。

这个例句也属于关联词语搭配不当，应把"只有"改为"只要"，或者将"就"改为"才"。

（2）缺少必要的关联词语：依据表达的需要，本来应该有关联词语，但在句子中却没有，或者是该成对使用的只用了一个，这就是缺少关联词语，因此，分句之间的关系就很模糊，意思表达不清楚，造成语病。例如：革新技术以后，不但加快了生产速度，提高了产品的质量。

这个例句缺少同启下连词"不但"相搭配的承上连词，应在"提高"的前面加上"而且"。

（3）错用关联词语：句子中的意思本该用关联词语A，却用关联词语B，结果造成了关联词语与所要表达的意思不一致，因而出现了语病。例如：犯罪分子一面不断地变换手法，一面终究逃脱不了人民的法网。

这个句子属于错用关联词语。两个分句是转折关系，不是并列关系，应该把"一面……一面"改为"虽然……但（是）"或者"……但（是）"。

（4）滥用关联词语：不该用，却随便用，就是滥用，结果使句子显得生硬、啰唆，造成词不达意的语病。例如：他大学毕业后，就到杂志社工作，所以工作积极肯干，也能吃苦。

在这个复句中，分句之间没有任何因果关系，在第三个分句前用上了"所以"，就变成了"工作积极肯干，也能吃苦"是"他大学毕业后就到杂志社工作"的结果，这是不准确的，应该把"所以"去掉。

（5）关联词语位置不对：在复句中，关联词语都有一定的位置。前后分句的主语相同，前一分句的关联词在主语后；前后分句主语不同，前一分句的关联词一般在主语前。例如：中国人民不但认识了现代霸权主义的反动本质，而且第三世界越来越多的国家和人民都从自己的经验中看清了现代霸权主义的真实面目。

这个句子的关联词语的位置不对，它可以改为："不但中国人民认识了现代霸权主义的反动本质，而且第三世界越来越多的国家和人民都从自己的经验中看清了现代霸权主义的真实面目。"

第四节　汉语修辞常识

一、修辞的含义

修辞这个词用法比较灵活。它的含义随着语境的变化而具有多义性。第一，指运用语言的方法、技巧和规律；第二，指运用语言及语言表达方法、技巧和规律的活动；第三，指以加强表达效果的方法、规律为研究对象的修辞学和修辞著作。我们运用语言交流思想、传达信息，不仅要表达得准确无误、清楚明白，还应该力求生动形象、妥帖鲜明，尽可能给人以深刻的印象和语言的美感，这就需要在特定的语境中对语言进行综合的艺术加工。

二、词语的锤炼

词是构成句子的基本单位，句子选择得好不好，先要看词语选得好不好。因此，词语的锤炼是非常重要的。在古代，人们十分重视对词语的锤炼，古人叫"炼字"，这是我国传统的修辞艺术。词语锤炼的根本目的就是能够更好地表达思想、传递信息，在正确运用词语的基础上把词语用得更活、更好、更妙，这就是锤炼词语。汉语中的每一个词都是声音（形式）和意义（内容）的结合体，词语的锤炼就是要兼顾这两个方面。

（一）词语意义的锤炼

顾名思义，词语的锤炼，必须先理解和认识词义，这是做到准确得体的前提。准确就是从理性上看对词义把握得是否正确；得体就是从感性的意义上看其是否恰当。如果这两方面能够结合起来并都能做到，这就做到了准确得体。例如：

原句：这座铜钟就在柏树底下，矗立在地上，有两人高。伸拳一敲，嗡嗡地响，伸直臂膀一撞，纹丝不动。

改句：这座铜钟就在柏树底下，戳在地上有两人高。伸手一敲，嗡嗡地响，伸开臂膀一撞，纹丝不动。

句中的"矗立"指高高地直立，说"高楼矗立"则可，而说只有两人高的铜钟矗立就不太准确。改为"戳"比较贴切而且浅显、明快。用"伸直的臂膀"去"撞钟"

与人体生理不吻合，所以改为"伸开"就比较准确恰当。

锤炼词语还要做到语言简练，实际上就是说话、写文章要言简意赅，用最少、最精的词，表达最丰富的信息。语言烦冗是语言表达的大忌，其主要表现是：

1. 字面重复

如果是必要的重复，那是修辞的手段，但无意义的重复，就是烦冗。比如：关于稿件的来源，我们大家讨论了这个问题，认为问题是不难解决的。

很显然，后两个"问题"放在句子中完全没有必要，它是多余的，这段话表达得很啰唆。

2. 同义反复

字面看起来虽然不同，但所选用的词语是同义词，而且在句子中反复出现，这与使用反复强化表达效果是完全不同的。例如：热烈欢迎运动健儿凯旋归来。

"凯旋"就是"胜利归来"的意思，"归来"就是没必要的同义反复。

3. 纯属多余的词

从词语表达的意义上来说，这属于画蛇添足。例如：我们的事业要比历来的古人所从事的事业伟大得多。

句中"历来的"和"古人"是重复的。另外，前面已有了一个"事业"，后面就没有必要再加上一个"事业"，显得多余、重复，应该删掉。

我们强调语言表达准确、内含丰富，做到意增词不增，达到更高境界。词语的简练与否要以内容表达的需要为衡量标准，不能以字数的多寡来判断。简短不一定简练，文字简短但意思表达不清，并不意味着简练；相反，有些词语看起来貌似重复，却是内容表达的需要，也不能说不简练。例如：鲁迅的《秋夜》中的名句"在我的后园，可以看见墙外的两株树，一株是枣树，还有一株也是枣树。"看似重复，实则不然，因为这段话一方面表现了在白色恐怖下那种苦闷、无聊、失落；另一方面，又隐喻反抗黑暗势力的斗士的那种坚强不屈，不怕牺牲，前赴后继，为光明而战斗的精神。为此，我们必须使语言表达得更鲜明生动，通过对词语的锤炼，进一步增强语言的表达效果，使其更形象、更具体、更鲜活。

一是要了解和掌握词的理性义及其相互间的比喻关系、指代关系、背反关系和表里关系。比如：在某些文学作品中，把党比作"母亲"，"母亲"已不再具有原来的理性义。

二是理性义和活用义之间具有指代关系。比如：我们需要"本本"，但是一定要纠正脱离实际情况的本本主义中的"本本主义"实际是指代脱离实际的盲目的教条主义作风。

三是理性义和活用义之间具有背反关系。例如，老舍在《小花朵记》里写的"假如当时我已经能够记事儿，我必会把联军的罪行写得更具体，更'伟大'，更'文明'。"把"伟大"和"文明"加上引号意味着表示反语，即"丑恶"和"野蛮"。

四是理性义和活用义之间具有表里关系。例如：杨沫在《青春之歌》里"……夜是这样的黑暗、阴沉，似乎要起暴雨。多么难挨的漫漫长夜啊"！这里的"夜"表面上是写实，而内里却指黑暗的旧社会，"暴雨"，内里也是指国民党反动派的疯狂镇压。词语的活用有时还表现在改变词语的色彩意义上。通常是改变感情色彩意义和语体色彩。例如：我们全党全民要把这个雄心壮志牢固地树立起来，扭住不放，"顽固"一点，毫不动摇。

句中的"顽固"本来是贬义的，在此却有了褒义色彩，在修辞上叫易色。有时在口语中，有意运用一些商务、外交等场合使用的词语，以取得幽默诙谐的修辞效果，如把妻子称为"内阁总理""全权代表"等，修辞上这叫降用。

词语的活用有时还表现在改变词语的组合关系。比如：临时改变某些词的词性，改变词语的语法功能，在修辞上叫转类。

朱自清写的《"海阔天空"与"古今中外"》中在与新同事闲谈时问他第一堂课上什么时，新同事回答道："古今中外了一点钟！"

句中的"古今中外"是名词而被当作动词使用。

还有把适用于某一类事物上的词语用到另一类上，在修辞上叫移就。比如：闻一多的《静夜》中"这灯光漂白了四壁……"。

句中的"漂白"本指对纺织品的洗染，在这里形容本来不能洗染的四面墙壁。

另外，还有两个事物同时出现时，将适用于某一事物的词语拈来用于另一事物，在修辞上叫拈连。例如：杨朔《荔枝蜜》中写道："蜜蜂在酿蜜，又是在酿造生活；不是为自己，而是为人类酿造最甜的生活。"

"酿造""生活"就是拈连的方法。

词语的活用还可以改变词语原来的音形规范。这也有以下几种情况：

一是依据原词临时模仿新词。例如：姜天民的《第九个售货亭》："先是'待业'，现在呢，是'待婚'，而不是'待恋'。"显然，句中的"待婚"和"待恋"都是从"待业"一词仿造而来的。

二是为了表达上的需要故意把词语写错或读错。例如鲁迅的《阿长与山海经》："哥儿，有画儿的'三哼经'我给你买来了。"句中的"三哼经"是"山海经"的误写误读。

三是为某种需要改变词语结构成分的次序。例如："他为革命多苦辛，万水千山走得勤。"为了押韵的需要，将"辛苦"改为"苦辛"等。

（二）词语声音的锤炼

声音的锤炼在修辞中也十分重要，语言声音的恰当配合，是使语言声情并茂的前提。语音修辞主要应注意以下三个方面问题：

首先，语言音节要整齐匀称。读起来朗朗上口，听起来悦耳。例如："满肚苦水，满腔仇恨！在苦水和仇恨里长大的孩子啊，永远忘不了这世世代代的苦，祖祖辈辈的仇。"

其次，要注意音律优美和谐。除在音节上调配之外，有时我们还可以通过一些其他的语音修辞方法来加强语音的音律美、回环美，以增强语言的表达效果。其中，最主要的就是叠音、双声叠韵词的运用，还要保持韵脚和谐。这样，除了形象之外，还会增加语言的音乐美。例如：井冈山五百里林海里，最使人难忘的是毛竹，从远处看，郁郁苍苍，重重叠叠，望不到头（叠音）。又如：田原零落干戈后，骨肉流离道路中（双声）。再如：梦里依稀慈母泪，城头变幻大王旗（叠韵）；长夜无言，天地同悲，只见灵车去，不见总理归（押韵）。

最后，注意声调平仄相间。这里主要是指在一句话中所用语词平仄相间，音调的长短抑扬相互搭配，从而取得音乐美感。我国的古代诗词自唐代开始就特别注意平仄，这是格律诗的基本要求。"平"和"仄"就是汉语声调的两大类别。现代汉语的平声字包括阴平阳平，仄声包括上声去声，如果将这两类声调交错搭配运用，就会有抑扬顿挫的音律效果。古人写诗必讲平仄，今人虽不必拘泥于此，但在写文章中特别是写诗或者歌词时，能够运用平仄的规律，其效果也是相当好的。

三、句式的选择

文章写得生动成功，要求能够随时变换句子，根据需要自由地选择句子。从修辞的角度看，表示相同或相近意义而在风格色彩、修辞功能、表达效果等方面存在细微差别的句式，都可以被称为同义句式。在多数情况下，是对这些同义句式的选择。善于选择和调整句式，就能够有效增添文采，增强语言的表现力，取得理想的修辞效果。

掌握和选择句式的主要依据主要有三点：一是根据不同句式本身表意的鲜明程度选择；二是根据不同语境，特别是上下文的不同语境的需要来选择；三是根据上下文主语的异同来选择。

（一）长句与短句

短句所用词语较少，结构也比较单一。长句正好与此相反，所用词语多，结构复杂，表意比较周密、严谨、精细，特别适合在严肃、庄重的文体中使用。如论文、政府报告、法律法规文体等。而短句的修辞效果则简洁、明快、灵活、生动，特别适用于一般文体尤其是文艺新闻文体。常见的长句变短句，有如下两种：

一是把长句中的附加成分抽取出来，使长句变成短句。例如：

他是一个身体健康、学习刻苦、工作积极并且立志为"四化"奋斗终生的三好学生。（长句）

他是个三好学生。身体健康，刻苦学习，工作积极，立志为"四化"奋斗终生。（两个短句）

长句的修饰语多，"学生"前面有一个定语是联合短语，里边的联合成分较多，成分比较复杂，改成由一个单句和一个复句组成的句群，单句内的定语少而短，复句内的四个分句都没有定语和联合成分，由有联合关系的分句组成联合复句。也可以把第二句中的句号改为逗号，变成前后有解说关系的复句，都是分句，形式上都是短句。

二是把长句中的联合短语拆开，重复跟联合短语直接相配的成分，形成并列或排比的句式。例如：

这出戏一开始就给观众展现了草原上欣欣向荣的大好风光和牧民群众为开辟草原牧场，架设桥梁而战斗的动人场面。

这出戏从一开始，就给观众展现了草原上欣欣向荣的大好风光，展现了牧民群众为开辟草原牧场、架设桥梁而战斗的动人场面。

句中宾语成分的定语较长，句子结构比较复杂。从第一句改成第二句之后，变成几个短句，效果要好很多。

（二）整齐句和参差句

三个方面的因素（结构、音节、节律）决定了句子是整齐还是参差。凡是结构相同或相近、音节相同或相近、节奏匀称的几个句子组织在一起，就是整齐句，又被称为整句；与此相反，就是参差句，又叫散句。对偶句和排比句是最典型的整齐句。此外，结构相同或者不同，但音节、节律大体相匀称的，也属于整齐句。例如：我们培养选拔人才，有广阔的源泉，有巨大的潜力。事不关己，高高挂起；明知不对，少说为佳；明哲保身，但求无过。这是第三种。

在第一句中使用了结构相同、音节和节律相等的句子。在第二句中四字句虽然结构有所不同，但音节和节律整齐，所以都是整齐句；但是如果有的句子虽然音节相同，结构不同，音律也不匀称，就不是整齐句，而是参差句。

整齐句的修辞效果是声音和谐，读起来朗朗上口，便于记忆和流传，感情色彩浓郁，有感染力。这种句式多用于艺术作品、文章标题和广告词中。而参差句的特点主要是自由灵活，富于变化，在言语交际中时常使用。我们要根据实际需要来选择和搭配。

（三）主动句与被动句

使用主动句还是被动句，主要看陈述的对象和语境。假如以施事者为陈述对象，就要选用主动句；如果以受事者为陈述对象，最好是选择被动句。被动句大多是出于迫不得已而表达的，所以实际上用得比较少。可是，在某些场合，选用被动句反而效果更好。这里有两种情况：

一是强调受事者，施事者不必说出，下文可能出现；也可能大家心照不宣，不愿说或不必说。例如：忽而一个红衫的小丑被绑在台柱上，给一个花白胡子的用马鞭打起来了，大家才又振作精神地笑着看。（鲁迅《社戏》）

该句是强调"小丑"怎样，是受事，"花白胡子"是施事者，属于在下文就要出现的情况。

二是在特定的上下文中，为了使前后分句保持一致，使叙述重点更突出，语气贯通、流畅，最好也选用被动句。例如：

在我们厂里，她是有名的劳动带头人；去年大家选她为劳动模范；今年，她又作出了新成绩。

在我们厂里，她是有名的劳动带头人；去年她被大家选为劳动模范，今年，她又做出了新成绩。

在第一句中，前后分句的主语不一致，使叙述失去了重点，语气也不流畅，改成第二句，成为被动句，突出了叙述的重点"她"，同时，使前后分句保持一致，意思得以贯通。

（四）肯定句与否定句

同一个事物既可以用肯定的句式表示，也可以用否定的句式表示。但是两者在语意的轻重、强弱上是有差别的。肯定句的语意要比否定句的语意要强一些，如"他身体好。"（肯定句）"他身体不错。"（否定句）但是，如果肯定句与否定句并用，用否定来反衬肯定，反过来也用肯定来反衬否定，这时，两者的语意会同时增强。例如：

我们是持久论和最后胜利论者，不是赌汉那样孤注一掷论者。（先肯定后否定，强化肯定）

这三千里江山已不再是孤零零的半岛，而是保卫人类和平的前哨。（先否定后肯定，反衬否定）

句中双重否定是两次否定的连用，以表示肯定。与一般肯定句相比，它在修辞上一是表达的语气更加肯定，不可置疑；二是表现的语气反倒比一般的肯定句更委婉、含蓄。

（五）口语句式与书面语句式

在言语交际中，口语中经常出现的句式，通常都是口语句式，相反则是书面语句式。它们之间的主要差别如下：

1. 日常口语总是直截了当，所以句式比较松散、简单，常使用短句；书面语的句式比较复杂、严谨，多使用长句。

2. 书面语句式因为被要求有严密的逻辑性，关联词语也用得多；而口语句式比较自由随便，关联词语用得少，即使用也比较简单。

3. 书面语比较讲究语言的规范和典雅，特别注意句子的加工，有时还用一些文言句式；而口语则比较通俗、幽默，只要大家能听得懂，就不必严格要求。

无论是对书面语句式的选择还是对口语句式的选择，一是看表达场合、内容的需要，是否得体；二是除文学作品外，一般不要将书面语句式与口语句式混合起来使用，这样容易使风格不统一，显得不伦不类。

四、主要修辞格及其使用

汉语中有几十种修辞格，如比喻、比拟、夸张、借代、衬托、层递、对偶、排比、拈连、顶真、回环、反语、警策、婉曲、通感等等。下面分析几个常见的辞格。

（一）比喻

比喻就是打比方，用本质不同又有相似点的事物描绘事物或说明道理的辞格，比喻分明喻、暗喻、借喻等。比喻由本体、喻体、比喻词三要素构成。在运用比喻时的喻体必须是常见的、易懂的，大家熟知的。例如：

油光碧绿的树叶中间托出千百朵重瓣的大花，那样红艳，每朵花都像一团烧得正旺的火焰（杨朔《茶花赋》）。

这是一种像个小小钟儿似的紫色的花，像"满天星"菊花似的密密麻麻蔟生着（秦牧《草原的花》）。

在运用比喻的时候也常会出现比喻不当的情况。例如：群众是汪洋大海，个人只不过是其中的一滴水，不，简直就是一滴水中的一个原子。

用"原子"来比喻个人，让人难以捉摸。

比喻的本体和喻体必须是本质不同的事物，又有相似点。例如：那一棵棵大树，像我们的俘虏似的狼狈地躺在工地上。

用"俘虏躺在工地上"比喻"一棵棵大树"不贴切。

运用比喻要注意感情色彩。例如：

鬼子冲进了村子，像砍瓜切菜似地屠杀老百姓。用"砍瓜切菜似地"来比喻，反而起到了美化敌人的作用。

（二）夸张

夸张就是为了突出某一事物而有意言过其实的一种修辞方法。夸张有扩大夸张、缩小夸张、超前夸张。例如：

隔壁千家醉，开坛十里香。（扩大夸张）

五岭逶迤腾细浪，乌蒙磅礴走泥丸。（缩小夸张）

他酒没沾唇，人就醉了。（超前夸张）

运用夸张要以客观事实为基础，否则不能给人以真实感。运用夸张还要明显，不能又像夸张又像真实。比如说"一天等于二十年"这是夸张，如果说"劳动三十天等于六十天"，这很难说是夸张还是事实。

（三）比拟

比拟是把物当人来写，赋予物以人的言行和思想感情，这叫拟人。把人当物来写，或者把甲物当乙物来写，或者把乙物当甲物来写，这叫拟物。运用比拟应该是自己真实情感的流露，符合所写的环境、气氛，并要注意进行比拟的人或事在性格、形态、动作方面应有相似或相近之处。像下面的两例就属于比拟不当：

秋雨跳着欢乐的舞，一下就是几天，什么活也干不了，真闷死人了。

推土机舒展它的长臂，在荒原上铲除了一条平坦的路基。

（四）借代

不直说某人或某事物的名称，借同它密切相关的名称去代替，也叫换名。例如：用"红领巾"代替"少先队员"，用"大团结"来代替10元面额的人民币。

借代有借体和本体，被借代的事物称本体，用来代替的事物叫借体。运用借代时应该注意借体与本体关系密切，在上下文里作者应有所交代，使读者看到借体时能明白本体是什么。运用借代，借体一定能代表本体，这样其作用才明显突出。借代一定要注意褒贬色彩。

（五）排比

排比是把结构相同或相似，语气一致、意思密切关联的句子或句子成分排列起来，使内容和语势增强。例如：

在集中正确意见的基础上，做到统一认识，统一政策，统一计划，统一指挥，统一行动，这被叫作集中统一。（词语的排比）

这是革命的春天，这是人民的春天，这是科学的春天。（句子的排比）

运用排比时要注意，必须从内容的需要出发，不能生硬地拼凑排比的形式。

五、辞格的综合运用

（一）辞格的连用

辞格的连用是指在一段话里同类的或不同类的辞格的连续使用。例如：矮小而年高的垂柳，用苍绿的叶子抚摸着快熟的庄稼；密集的芦苇，细心地护卫着脚下偷偷开放的野花。

句中先后把"垂柳"和"芦苇"人格化，是比喻的连用。还有异类辞格的连用。

（二）辞格的兼用

辞格的兼用指同一种表达形式中，兼有多种辞格，同一个辞格从不同的角度看，作用不同，一身兼二职，十分自然。例如：书山有路勤为径，学海无涯苦作舟。

句中使用了对偶的辞格，从两句的表述来看，又运用了暗喻的辞格，是两种辞格的兼用。

（三）辞格的套用

辞格的套用指在在一个句子中，一个辞格包含着另一个辞格，形成大套小的格局，是一种相互包容的关系。例如：一站站灯火扑来，像流萤飞走；一重重山岭闪过，似浪涛奔流。

两个分句从整体来看，应该是对偶关系，每个分句中"像"什么，"似"什么，用的是比喻的辞格，第一句的本体"灯火扑来"和第二句中的"山岭闪过"两者都是比拟的辞格，三层辞格层层套用，句子十分生动活泼。

六、修辞易出现的问题

在汉语表达的过程中，出于种种原因，修辞也会出现各种不同的问题，归纳起来，大体上有以下三种：

（一）韵律配合不协调

为了使汉语表达中的音节整齐匀称，富有节奏感和气势，必须根据需要灵活运用单音节词、双音节词和多音节词，这样才能做到读起来上口，听起来悦耳。使声调悦耳的重要条件就是要讲究声调的平仄。韵文自不必说，即使是散文，也应该注意平仄的调配，否则听起来会显得特别平直，没有韵味；诗歌应该押韵，这是我国古代诗歌创作的传统。现代人有时为音乐谱写歌词都不讲究押韵，因而使语言表达失去韵律，美感大打折扣。

（二）词语运用不精确

如果选择词语不注意其前后意义的搭配，就会出现表达不准的问题。因为每个词语都表达一定的含义，什么词语能和什么词语相配合，是有一定规律的，不能随心所欲，随意搭配。凡带有某些或褒或贬的词语，有时稍变换一下词的形式，就能附加感情色彩。只要搭配得当，就会产生很好的表达效果。用于口语和用于书面语的词，会分别产生口语色彩或书面语色彩。如果不是出于表达的需要，尽量不把常用于口语的词和常用于书面语的词混起来使用，这会显得不伦不类，语言风格也不统一。

（三）句子表意不流畅

汉语的句式比较多而且复杂，能够很好地根据表达的需要来选择句式，是取得表达效果的重要保证。能使用单句的就不要使用复句，反之亦然，这完全取决于表达效果的需要。此外，还有常式句和变式句的变换、长句与短句的变换以及散句与整句的变换，既要考虑抒情达意的需要，还应满足结构紧凑、整齐划一的要求。在选择词语时，不能不考虑语意的重复，不能随便堆砌辞藻，致使文字表达既无条理，又显得俗不可耐。

第二章　古代汉语言文字形式表达

第一节　古代汉语

一、什么是古代汉语

所谓"古代汉语"指的就是"文言",是以先秦口语为基础而形成的古代书面语言。这种语言在"五四"之前的文章写作中一直被人们所模仿、学习,由于"五四"倡导白话文运动,因此人们不再以古汉语来写文章。但是,现代汉语是在古汉语的基础上发展起来的,它不仅有继承关系,而且其中依然有很多有生命力的东西,何况它记载着我国古代大量的文献资料,所以学习古汉语有着双重的意义。古代汉语和现代汉语的差异具体表现在词汇、语音、语法等方面,现今保留下来的大量古代文献古籍,是学习古汉语最好的实用资料。限于教材的篇幅,我们只能简略地介绍一下古汉语的相关知识。

二、古今汉语的构词特点

语言是音义结合的符号系统,词是这一系统中能够独立运用的最小单位。它可以是一个字,比如"冠""履"等,我们称其为单音节词。有的是两个字,比如"边疆""婵娟""踟蹰"等,我们称之为双音节词。此外,还有多音节词,如"主人翁",这叫三音节词。在古代汉语中单音节词是大多数,双音节词很少,多音节词就更少了。有时两个字在一起,很容易被人误认为是现代汉语的双音节词,像"消息"一词,在古汉语中,最初是"消长"的意思。《易经》说:"日中则昃,月盈则食,天地盈虚,与时消息。"意思是世界上万事万物,总是彼消此长,有进有退,是在变化着的。再如,贾谊在《鵩鸟赋》中说:"合散消息兮,安有常则?"这句问话里的四个动词分别是聚合、离散、消亡、生长的意思,他问这到底是不是万物发展的客观规律。这样看来,古人所说的"消息"和现代汉语中所说的"消息"根本就不是一个意思。又比如，古代的"数学"是指阴阳变化之学，而现在则是指算术学。"睡"指的是打瞌睡，并不是现代汉语意义上的"睡觉"（古时称睡觉为"寐"）。了解古汉语的构词特点和古意，是学好古代汉语的关键。

三、古今词义的发展演变

有一些词语，是古今通用的，是现代汉语继承古代汉语的一部分。这些基本词语，一看就知道它的意思，不需要翻译。比如：手、肺、牛、马、羊、鱼、猫、大、小、长、短、蝴蝶、蟋蟀、天文、地理、山水、凄凉、萧条、寂寞、制度等。这是因为它们所反映的客观事物没有发生本质上的变化，它们是构成汉语的基本词汇。这些词语的存在确保了汉语发展缓慢并使其有了相对的稳定性。因为在词汇、语音、语法这三个要素中，能反映不断发展的社会新事物的，当数词汇。有些词汇随着时间的推移，已经变成旧词而逐渐消亡，而反映新生事物的新的词汇则不断出现，原有的词意也在不断发展演变。这主要有两种情况：

（一）古今意义完全不同

古代汉语和现代汉语有很大的不同，甚至可以说它们是两种不同的语言系统。我们所说的古今不同主要是指词义的不同，一个古汉语词在书写上和现代汉语一样，但内涵却完全不一样。比如，《孟子·公孙丑上》中说："孟子去齐"，如果不知道"去"字在古代是离开的意思，就会以为是前往齐国。又如，诸葛亮的《出师表》中有一句话说："先帝不以臣卑鄙，猥自枉屈，三顾臣于草庐之中，咨臣以当世之事，由是感激，遂许先帝以驱驰。"在古汉语中"卑鄙"一词中的"卑"，是地位低下的意思，而"鄙"是学识浅陋，乃是诸葛亮的自谦之词，和现代汉语中的"卑鄙无耻""下流至极"完全不是一个意思。再如，"绸缪"在古语中只是"缠绕"和"缚束"的意思，它出自《诗经》中著名的"鸟言诗"《豳风·鸱鸮》"迨天之未阴雨，彻彼桑土，绸缪牖户"。这是以鸟的口吻说要在下雨之前，把鸟巢捆扎结实。这句话后来演化成一句成语"未雨绸缪"，就是比喻事前要做好准备，要防患于未然。这些古今意思不同的词，确实是学习古汉语的一大障碍，很容易产生误解，我们只好借助词典来识别了。

（二）古今意义同中有异

有一些古今常用词语，词义之间有一定联系，随着时间的推移，又有一定的发展，既有相同之处，也有不同之处。正因为如此，才有可能混淆它们之间的区别，很容易以今义去解释古义。词义中有异时，大体上有以下两种情形：

1. **词义范围的差异**，这里有三种情况：

（1）词义的范围扩大，即今义的范围大于古义。词义的扩大是指表示的概念范围有了变化，即由指个别对象演变到指一般对象，由指具体事物演变到指抽象事物，由专指某一事物演变到通指一切事物。例如：

响：〔古〕回声；〔今〕一般的声音。

商：〔古〕运货贩卖的人；〔今〕泛指一切做生意的人。

国：〔古〕指诸侯的封地；〔今〕指以国别区划的政权单位。

绪：〔古〕丝头；〔今〕指一切抽象事物的开端。

（2）词义的缩小，即古义的范围大于今义。例如"又"在现代汉语中通常只作副词使用，而在西汉以前的古汉语中，还具有存在动词"有"的意思。又比如：

禽：〔古〕飞禽走兽的总称；〔今〕专指鸟类。

谷：〔古〕泛指粮食作物；〔今〕专指小米。

朕：〔古〕泛指第一人称；〔今〕专用于皇帝自称。

瓦：〔古〕泛指陶器；〔今〕指盖房顶用的建筑材料。

（3）词义的转移，即由一个范围转移到另外一个范围，它的主要特点是新意产生后，旧意就不存在了。即使后来在语言中能够看到，也都是以成语、熟语的形式出现的。例如：

书记：〔古〕图书、官府主管文书者；〔今〕党团各级组织的主要负责人。

中心：〔古〕心里；〔今〕正中，事情的主要部分。

丈夫：〔古〕男子汉；〔今〕成年男子，妻子的爱人。

2. **词义感情色彩的差异**

古今词义的不同不仅表现在范围上，有时还表现在感情色彩上，主要可以分为两类。

（1）词义的褒贬倾向不同。包括三种情况。

古代是贬义，现在是褒义。例如：

锻炼：〔古〕冶炼，罗织罪名陷害他人；〔今〕进行思想、劳动、身体锻炼。

古代是褒义，现代是贬义。例如：

复辟：〔古〕指君位得以恢复；〔今〕指反动势力卷土重来。

爪牙：〔古〕国之重臣，君王得力的助手；〔今〕坏人的党羽、歹徒的帮凶。

有些词在古代属于中性，没有褒贬的意思，但到现代却有了感情色彩。例如：

诛：〔古〕责备，词义很轻；〔今〕杀戮，词义很重。

感激：［古］愤激，词义很重；［今］感谢，词义较轻。

（2）词义的轻重不同。这里又有两种情况。

古代的感情色彩浓重，现代的词义感情色彩变轻。例如：

贼：［古］上古作动词用，指"毁害"，后又引申为"杀害"，一般认为凶狠、残忍，用暴力手段来达到不正当目的的人，"乱臣贼子"，即指此类人；［今］"贼"专指用非暴力手段偷窃他人财物者。

有些词正好相反，古代的感情色彩比较轻，现代的感情色彩反而比较重了。例如：

恨：［古］"遗憾"的意思，有时又可以引申为"悔恨"的意思；［今］"痛恨""愤恨""仇恨"的意思，感情色彩浓重得多了。

第二节　古代汉语词汇知识

一、词的本义和引申义

词的本义即词本来的意义，是与该词造字时的意义相合并有文献参证的意义。因此，了解词的本义有助于准确地掌握词义，认识词义演变的规律，同时，它对于提升阅读古文的能力是有很重要意义的。如"兵"字，在金文里，"兵"的字形很像双手举斤，"斤"就是兵器。《说文》里说："兵，械也，从廾持斤。"《孟子·梁惠王上》云："弃甲曳兵而走"，这里的"兵"，指的就是兵器，由此可见，兵器是"兵"的本义。成语中的"短兵相接"，讲的就是"兵"的本义。语言是在文字之前产生的，汉字的历史大约只有4000多年，而语言的产生要比汉字早得多，它可能存在更老的含义，因为没有文字记载，无从考证。这里所说的本义是指造字时代的词义，而不是汉语出现时的词义或者说它的原始义。又如"及"，在甲骨文、金文、小篆中有不同的写法，但都是会意字，表示人前面逃跑，后面一只手抓住，所以"及"的本义是"赶上"。例如，《左传·隐公元年》中说："毋庸（用），将自及"，其中的"自及"就是自己赶上灾祸、自取灭亡的意思。再如，《左传·成公二年》中："故不能推车而及"，说的是因为不能推车前进，所以被敌人赶上了。

了解字形的来历和演变，其意义主要在于帮助我们探求词的本义。古汉语和现代汉语一样，有的词可能只有本义而无引申义，而有的词除了本义之外，还有引申义。

由本义直接或间接引申出来的意义，我们称之为引申义。由本义直接引申出来的意义叫直接引申义；由引申义再引申派生出来的意义叫间接引申义。正是由于一个词可以引申出来其他意义，有一词多义的功能，因此对我们掌握看似不相干的字词的意义，提升古汉语的阅读能力有很大的帮助。

比如"朝"的本义是早晨，由于古时臣下觐见君王时一般都在早晨，因此由"早晨"引申为"朝见"义。"朝见"要有一定的场所，所以接着又引申为"朝廷"义，这是以引申义为基础引申派生出来的意义。可见，基础义有可能是本义，也可能是本义以外的其他义项，因为凡是引申赖以引申派生出来的都是基础义。本义、引申义虽然都是引申义的基础，但是本义只有一个，基础义却可以有多个。所谓引就是"由来""出发点"，申就是"扩张""发展"，合起来就是从本义出发，扩展它表示多种意义的功能。词义引申的基本途径有三点：由具体到抽象，由个别到一般，由局部到整体。例如：

"明"：①亮：天明登前途，独与老翁别。（杜甫《石壕吏》）②明白、清楚：著《灵宪》《算罔论》，其言详明。（《后汉书·张衡列传》）③英明、贤明：智能之士，思得明君。（《三国志·蜀书·诸葛亮传》）④显明、显示：王者不知众庶，故能明其德。（李斯《谏逐客书》）⑤视力、眼力：明足以察秋毫之末。（《孟子·梁惠王上》）⑥看得清楚：目不能两视而明。（《荀子·劝学》）

"明"的本义是光明。由光明引申为明白、清楚、显明；又引申为英明、贤明。由光明还可以引申为视力、眼力，再引申为视力好，看得清楚，从具体到抽象。

"衣"：①上衣：剑外忽传收蓟北，初闻涕泪满衣裳。（杜甫《闻官军收河南河北》）②泛指身上所穿的：解衣以活友。（马中锡《中山狼传》）③穿、穿上：乃使其从者衣褐，怀其璧，从径道亡。（《史记·廉颇蔺相如列传》）

"衣"的本义为上衣，古曰上为衣，下为裳，因为衣裳常常并用，后泛指身上穿的衣裤（裙）；又用作动词为穿、穿上。其引申途径为局部到整体。

作为一种语言现象，词义的引申有其自身特定的规律。词义引申实际上是客观事物不断发展和人类的抽象思维日益发达的反映。因此，从本义到引申义所表现的内容看，由具体到抽象，由个别到一般，是本义发展到各种引申义的基本方式。比如"益"，其本义是水从器皿中漫出，凡是水漫出都叫"益"，再引申为增补、增加，是按个别到一般的途径发展的。词义的引申，从类型上可以分为隐喻和换喻两种方式。隐喻是建立在本义和引申义所反映的现实现象具有某种相似性的基础上。例如，"习"：据东汉许慎《说文解字》中解释，"习"的本义是"数飞"，就是反复、多次地飞。后来又派生出来"反复练习""复习""温习"的意思，如《论语·学而》："学而时习之，不亦说乎？"说的就是反复练习和温习的意思。

换喻的基础不是与现实现象的相似，而是两者之间存在某种联系，由于这种联系反复出现，在人们的印象中固定下来，于是新意也就派生了出来。例如，"兵"的本义是"兵器""武器"，如《孟子·梁惠王上》："弃甲曳兵而走"，说的就是放弃了兵器和铠甲，仓皇而逃的意思。由于战士和武器总是结合在一起，后来把"兵"引申为"带兵器的人"，或者"拿兵器的战士"，演化为"士兵"或"战士"。

二、字词的假借现象

所谓"六书"是指汉字符号系统中的汉字构造规律。具体地说，"六书"就是造字方法，其内容包括：象形、指事、会意、形声、转注和假借（后两种实则是用字法）。东汉的班固在其《汉书·艺文志》中说："古者八岁入小学，故周官保氏掌养国子，教之六书，谓象形、象事、象意、象声、转注、假借，造字之本也。"许慎在《说文解字》中进一步解释说："周礼八岁入小学，保氏教国子，先以六书。一曰指事。指事者，视而可识，察而见意，上下是也。二曰象形。象形者，画成其物，随体诘诎，日月是也。三曰形声。形声者，以事为名，取譬相成，江河是也。四曰会意。会意者，此类合谊，以见指撝，武信是也。五曰转注。转注者，建类一首，同意相受，考老是也。六曰假借。假借者，本无其字，依声托事，令长是也。"许慎在《说文解字》中用"六书"的理论，分析了9353个汉字，对"六书"的解释，在后世的学者中产生了很大的影响。实际上，象形、指事、会意、形声是造字的方法，而转注、假借则是对汉字的使用方法。

"六书"是对汉字造字方法的总结，不是先有六书，后有汉字，这一点必须弄清楚。"六书"中的"四体"基本上能够涵盖古文字形体的造字特点，它对我们认识汉字的形与义，有很大的帮助。下面简单介绍有关"四体"的一些内容：

（一）象形

象形就是将具体的事物的形象当作造字的根据。凡是能够画出来的事物都可以造成字。比如：日、月就是根据日、月形象造出的字形。在以画造字的对象上，大概分为两类：一类是画"形"；另一类是画"事"。画"形"也有两种方法：一是以一种特征鲜明的形象来表示事物的意义。比如：首、目、自、止、牛、羊、鹿、鱼、刀、弓、车、门等。二是以两种或两种以上的形象来表示一个事物的意义。这是因为这些要表示的事物形象不鲜明，单独地描绘不能明确地表示出其特定的意义，就得用相关事物的形体来衬托。比如：身、眉、齿、果、瓜、州、文等。

画"事"，首先是按着一定的关系组合起来表示比较形象的意义。我们从图像中一看就知道它的意义。比如：从、北、步、各、降、取、伐、鼓等。再如：一前一后的"人"为"从"（跟从）；手执耳为"取"；戈击人为"伐"等。其次是将几个图形按一定的关系组合起来表示比较抽象的事物。图像本身并不表示意义，需要人们联想才能理解。比如：好、保、武、明、宠、莫、既、即等。"子"和"女"合而为"好"（美好）；人背子为"保"（安宁）等。了解和掌握象形字对学习汉字、分析汉字的形义以及按部首来看象形字的意义是有很大帮助的。

（二）指事

指事字就是在人们熟悉的事物上加一个指示符号来表示该字的意义。这类字的意义一般都是事物的某个局部，虽然一看就懂，但没办法将它描绘出来，只好用符号来表示其字义。比如：刃、本、朱、亦、末等。

（三）会意

即把字合在一起，把它们的意义合起来表示字的意思。例如：把"竹"和"句"（勾）合起来，就构成了"笱"，意思就是竹钩；把"水"和"光"合起来，就是"洸"，意思就是水光；把"目"和"垂"合起来，就构成了"睡"字。后来又造出很少的一些会意字。比如：把"不"和"正"合起来，就构成了"歪"，把"不"和"好"合起来，就构成了"孬"等等，但其数量不多，因为把字形和字义连缀起来的局限性毕竟很大。

（四）形声

就是用一个字的一半表示这个字的意义，而另一部分则表示其读音。许慎举出"江河"作例字，三点水表示江河水的意思（被称为"意符"或"形符"），"工""可"表示字的读音，由于时代的变化，"江"和"河"的读音已和现代汉语的读音大不相同。形声字不仅直接表示语音，而且能够同时兼顾语义。形声字的造字方法，就是用人们熟悉的文字，打破传统造字的局限，所以它有着很强的生命力。以"鱼"为形符为例，就有鲤、鳝、鳗、鲇、鲈等不同的和"鱼"有关的新字。至于用"石""金""气"作形符的字就更多了。

"六书"中的"转注"和"假借"，讲的主要是汉字之间的关系。"转注"字的造字有两个条件：一是部首相同；二是意义相同，如"考，老也"。

在古汉语中的假借字，又被称为"通假字"，分为本无其字的假借和实有其字的假借两种。

首先，本无其字的假借，如许慎在《说文解字·叙》中："假借者，本无其字，依声托事。"就是说汉语中有些词，原本没有与之相适应的文字来表示，于是便借用现成的字来表示这个词义，这就叫作假借。比如，具有指示、人称、语气等多种词性的"其"，就是一个假借字，由于文字中本无这个字，就把它造出来加以借用，上面加一个"竹"字，就变成"箕"，它用来表示"簸箕"的意思。

其次，是本有其字的假借，它的特点是本字和假借字同时存在，人们在书写时，没有用这个字，而是用另外一个音同或音近的字来替代，好像我们今天所说的"别字"一样。这类字通称为"通假字"，在古书里这类通假字很多，后来有人还专门编了通假字字典。比如，《庄子·秋水》中，"不辩牛马"，就是对岸到底是牛还是马看不清楚，本来应该是"辨别"的"辨"，在这里用同音字"辩"，在读原文时大家并没有把意思弄混。又如，一些古文中的"女"字，并不是指"女性"，而是表示第二人称"汝"，古时"女"和"汝"的读音是非常相近的，用"女"来替代"汝"，就是"本有其字"的假借。两种假借，是曾经有过的语言现象，作为常识了解就可以了。

在古代汉语中，字词的假借是一种十分普遍的现象，它给我们阅读古代作品带来了很大的困难，没有别的办法，只好借助于工具书一个一个地攻克。比如，《左传·隐公元年》中的"阙地及泉"，"阙地"就是挖地，本来应该用"掘"字，却用"阙"字来替代。又如，李斯的《谏逐客书》中"（秦）惠王用张仪之计……遂散六国之从"。这里的"从"字，本应为"纵"，是指六国合纵联盟的意思。古人使用假借字，并无一定的规律可循，它带有很大的随意性。既然我们对古汉语中的假借字不能回避，那就要认真对待，从通假字的读音上加以辨别，也就是通过所假借字的相近和相同的读音中去辨别，以及分析原句所表达的基本意思，这也是解决问题的最好办法之一。

三、古代汉语词类的活用

阅读古文的最大障碍，不是文字的问题，而是词汇的问题。学习古汉语并能够流畅地阅读古文，就要了解古汉语词汇的特点，熟练地运用有关工具书，这能够比较有效地解决阅读古文时遇到的词汇问题。掌握古汉语的词义，要特别注意时代的特点，虽然说现代汉语是从古代汉语演化而来的，它们之间有着某种渊源的关系，但我们所说的古汉语主要还是指古代的书面语。比如"羹"字，在《史记》和《左传》里，指的并不是现在意义上的"汤"，而是肉或者是含汁的肉。《郑伯克段于鄢》中："小人有母，皆尝小人之食矣。未尝君之羹，请以遗之。"《史记·项羽本纪》中："吾翁即若翁，必欲烹尔翁，则幸分我一杯羹。"这两句话中根本没有汤的意思。古代汉语和现代汉语的不同处主要在于词汇的形式和意义不同。

比如《孟子·公孙丑上》里的"孟子去齐"，并不是说孟子到齐国去，而是从齐国离开。单从字面义上看，很容易按现代汉语的意思去理解。古代汉语词汇的最大特点是单音节词居多。另外，古人把口语和书面语分开，写出来的东西比说出来的东西要少，却使文章显得言简意赅，虽然字数少，其含义却极其丰富。单音节词还有利于按照韵律的要求来遣词造句。单音节词还有很多同义、近义词，为文章写作和诗歌创作提供了极大的便利。单音节词多并不意味着古汉语中没有双音词或者称复音词。比如，"泛滥""造次""纯粹""驱驰"等都是复音词。根据词的意义和造句的功能，我们可以把词分为许多类。归纳起来有两大类：一是实词；二是虚词。有实际意义的词，称之为实词。实词又分为名词、动词、形容词、数量词等四种。虚词没有实际意义，只起语法作用。虚词又分为代词、副词、介词、连词、助词、语气词和感叹词共七类。下面简要介绍古汉语词类的活用：

（一）名词活用

名词的活用可分为名词活用为动词和名词做状语两大类。

1. 名词用作动词

名词当作动词使用时，也有多种情况。首先是名词的使动用法；其次是名词的意动用法。这两种情况都是把名词用作动词。除了这两种特殊用法外，在一般情况下都把名词当做谓语动词来使用。例如：

①《荀子·劝学》：假舟楫者，非能水也，而绝江河。

"水"原本是名词，在这里用作动词，就是"游水"的意思。

②《战国策·触詟说赵太后》：赵王之子孙侯者，其继有在者乎？

"侯"原本是名词，在这里用作动词，意思是说"做诸侯"。

③《史记·项羽本纪》：范增数目项王。

"目"是眼睛，在这里当作动词"看"来使用。

④《续资治通鉴·宋纪十九》：不蚕而衣。

"蚕"本来是名词，但在这里是作为动词使用的，意思是"养蚕"，（虽然）不养蚕，（而照样）穿衣。

⑤《商君书·更法》：三代不同礼而王，五霸不同法而霸。

"霸"原本是名词，在这里用作动词"称霸"的意思。

上述例子说明，"王""霸""目"这些指称人、事、物的名词，在这里都成为表示动作的行为，"当王""称霸"和"递眼色"。

2. 名词用做状语

在现代汉语中，只有时间名词才能做状语，一般名词做状语是很少见的。而在古汉语中，不论是时间名词还是一般名词都可以做状语。一般名词做状语，可以表示以下四种意义，有的还有浓郁的修辞色彩。

（1）表示工具和凭借。如：

《战国策·燕策一》：冯（凭）几据杖，眄视指使，则廝役之人至。

这里的"指"则是"用手指"的意思，表示所用的工具。

《三国志·魏志·华佗传》：太祖累书呼，又敕郡县发遣。这里的"书"就是"用书信"的意思，也表示所使用的工具。

《史记·陈涉世家》：失期，法当斩。

这里的"法"就是"按照法律"的意思，表示依据。

（2）表示方位与处所。如：

《庄子·秋水》：顺流而东行，至于北海。

"东"是"往东"的意思，在这里表示方位，往什么地方。

《普通话·越语上》：四方之士来者，必庙礼之。

这里的"庙"，是指"庙堂"，表示处所。

《山海经·海外北经》：末至，道渴而死。

这里的"道"意思是在道路上，表示处所。

（3）表示对人的一种态度。如：

《史记·项羽本纪》：君为我呼人，吾将兄事之。

这里的"兄事之"，就是以兄长的态度来对待他。

《史记·孙子吴起列传》：齐将田忌善而客待之。

这里的"客待之"就是用对待客人的礼节来对待他。

上述例句都是用名词做状语，即把动词宾语所指之人当作这个用做宾语的名词所代表的人或事物来对待。

（4）表示比喻。例如：

李斯《谏逐客书》：蚕食诸侯，使秦成帝业。

"蚕食"就是像蚕那样吞食的意思。

白居易《庐山草堂记》：引崖上泉，脉分线悬。

脉分线悬的意思是说，所引出的山泉，就像脉管一样分出细流，像细线一样悬挂在空中。这类比喻的用法，在现代汉语中有些还以成语或固定词语的形式保留着，如"风起云涌""蜂拥而至""星罗棋布"等等。

（二）动词、形容词的活用

在古代汉语中，除了名词可以活用外，动词和形容词也可以活用。不及物动词和形容词都有使动用法和意动用法，动词和形容词还可以活用为一般名词。

1. **动词用作名词。例如：**

《汉书·司马迁传》：主上幸以先人之故，使得奏薄技，出入周卫之中。

文中的"周卫"本指"周密地护卫"，是动词性词语，在这里用作名词，指"警卫严密的地方"，也就是"皇宫"。

2. **形容词用作名词。例如：**

《汉书·司马迁传》：书不能悉意，略陈固陋。

其中，"固陋"是"鄙陋"的意思，原本是形容词，但在这里用作名词，意思是"鄙陋浅薄"。

李清照《如梦令》：知否知否，应是绿肥红瘦。

词中的"绿"和"红"两个字分别指代"叶"和"花"，从所表示的意义上看，这两个形容词都作为名词使用。

（三）使动用法

使动用法是古文中常见而又特殊的动宾关系。一般的动宾关系是主语发出谓语表示的动作涉及宾语或是宾语发生变化，而使动用法却是主语使宾语发生谓语表示的动作或使宾语发生变化。

使动用法的谓语本来就是动词，有时也可能由形容词或名词来替代，由于原来使用的词类有区别，因此用作使动时，所表示的语法意义也就有所不同。

使动用法类型：

1. 动词的使动用法

动词的使动用法所表示的意思是主语使宾语发出的动词谓语表示的动作或使宾语发生变化。例如：

《论语·季氏》：故远人不服，则修文德以来之。句中的"来"字，本来是不及物动词，在这里用作使动，是"使之来"的意思。

《左传·隐公元年》：若弗与，则清除之，无生民心。句中的"生民心"就是"使民生心"，"无生民心"就是说"不要使老百姓产生异心"。

需要注意的是，古汉语中及物动词用作使动得很少，因为及物动词本身就带宾语。因此，它是否用作使动，要由句子的意义来决定。例如：

《汉书·武帝纪》：天汉四年春正月，朝诸侯王于甘泉宫。这里，"朝诸侯王"的当然不可能是君王，而是诸侯，"朝"在这里面就是使动用法，整个句子的意思是"使诸侯王们到甘泉宫里来朝见（君王）"。

《左传·宣公二年》：晋侯饮赵盾酒。

句中"饮"当然是"酒"而不是"赵盾",但"饮"酒的人是"赵盾",句中都居于宾语的位置,只有通过使动用法才能很好地理解。

2. 形容词的使动用法

形容词的使动用法表示的意思是主语使宾语出现谓语(形容词)表示的状态。换言之,就是使宾语所代表的人或事物具有这个形容词的性质和意义。例如:

李斯《谏逐客书》:王者不却众庶,故能明其德。

句中的"明"本来是"昌明""显赫"的意思,在这里用作动词,意思是"使德望昭显"。

贾谊《过秦论》:诸侯恐惧,会盟而谋弱秦。

"弱"是形容词,"弱秦"就是"使秦国削弱",作动词用。

王安石《泊船瓜州》:春风又绿江南岸。

"绿"字是形容词,"又绿"是"使之绿",也就是"又使江南绿"的意思。宾语"江南"具有使动用法的"绿"字所代表的性质。

3. 名词的使动用法

古汉语中的名词使动用法比较少见,它的基本意思是使宾语成为这个名词所代表的人或事物。例如:

《史记·淮阴侯列传》:大夫种、范蠡存亡越,霸勾践。

"霸"为名词,在这里使动用为"霸主"的意思,即"使勾践成为霸主"。

《中山狼传》:先生之恩,生死而肉骨也。

"肉"为名词,在这里使动用为"使白骨长肉"的意思。句中的"生死"和"肉骨"相对,两者都不是并列结构,而是动宾结构。

《史记·项羽本纪》:纵江东父兄怜而王我,我何面目见之?

句中的"王我"是使我为王的意思。名词的使动用法在宾语前还要根据上下文增加合适的动词才能够理解。在前面的例句中,"肉骨"在翻译时还要加上一个"长"字,翻译成"使白骨长肉"。

(四)意动用法

意动用法是主语主观上认为宾语是什么或怎么样,其实质是以一般的动宾结构形式表达认定式的内容。它所表达的主观看法,在客观上不一定如此,这正是与使动用法的主要区别。意动用法只限于形容词和名词的活用,动词本身没有意动用法。

1. 形容词的意动用法

形容词的意动用法是主语认为宾语具有充当谓语的形容词表示的性质和状态。

例如：

《邹忌讽齐王纳谏》：吾妻之美我者，私我也。

句中的"美我"是"认为我美"，而不是"使我美"，是形容词意动为动词。

《老子·第八十章》：甘其食，美其服，安其居，乐其俗。

句中的"甘""美""安""乐"都是意动用法，是"感到满意"的意思，即"认为什么甘""认为什么美""认为什么安逸""认为什么满意"。

《史记·李将军列传》：胡兵终怪之，不敢击。

句子中的"终怪之"是意动用法，可译为"始终觉得怪异"。

2. 名词的意动用法

名词的意动用法是主语把宾语当做谓语的名词表示的事物或情况。就是把名词后面的宾语所代表的人或事物看作这个名词所代表的人和事物。例如：

《穀梁传·僖公八年》：夫人之，我可以不夫人之乎？

句中"夫人"使名词用作意动，意思是"（国君）把她看成夫人，我可以不把她看成夫人吗"？"夫人之"是动宾结构，意思是"以之为夫人"。

《论语·颜渊》中齐景公问政于孔子，孔子对曰："君君、臣臣、父父、子子。"句中两个名词相叠，每个语言结构中前一个名词都是意动用法，意思是"把国君看作是国君、把臣子看作是臣子、把父亲看作是父亲、把儿子看成是儿子"。只有各司其职，安守本分，才能维护封建等级制度。

（五）词类活用的条件

词类活用的基础是一类词临时具有了另外一类词的语法特征和性质，可以把它当成这类词使用。词类的语法特点和性质，必须借助于外部条件才能认识清楚。因此，鉴别某一词是否活用，既要看它在句中所处的地位，也要看它与哪类词结合，构成何种语法关系等。归纳起来，这些语法条件大致有以下几点。

1. 两个名词（有时是名词性词语）连用，假如它们不是并列结构，又不是偏正结构，其中有一个名词就可能活用为动词。

一是前一个名词活用为动词，而后一个名词或名词性词语作它的宾语。这和前面介绍的名词使动用法和意动用法是相同的。

例如：

《孟子·尽心上》：君子有三乐，而王天下不与存焉。

句中的"王天下"既不是"王的天下"，也不是"王和天下"，而是"当天下人的王"，是动宾结构。

《史记·项羽本纪》：范增数目项王，举所佩玉玦以示者三，项王默然不应。

句中的"目项王"既不是"目和项王"的并列结构，也不是"目的项王"的偏正结构，而是动宾结构，意思是"几次给项王递眼色"，这里"目"活用为动词。

《种树郭橐驼传》：驼业种树，凡长安豪富人为观游及卖果者，皆争迎娶养。

句中的"业"字即活用为动词，后面的"种树"是"业"的宾语，意思是"以种树为职业"。

二是两个名词连用，有可能是主谓结构，此时，前一个名词做主语，后一个名词就做谓语动词。例如：

《史记·陈涉世家》：乃丹书帛曰"陈胜王"。

句中的"陈胜王"是"陈胜为王"的意思，"王"是名词活用为谓语动词。

2. 名词、形容词放在"所"字的后面，活用为动词。

李斯《谏逐客书》：然则是所重者在乎色乐珠玉，而所轻者在乎人民也。

"所"字是具有特殊性的辅助代词，它只能放在动词的前面，指代某种行为动作的对象，构成名词性结构。因此，名词或形容词放在"所"字之后，必须活用为动词。句中的"所重""所轻"，是"所看重""所看轻"的意思，形容词都活用为动词。

3. 名词、形容词放在"能""可""足""欲"等能愿动词的后面，活用为动词。因为能愿动词只能修饰动词。例如：《论语·公冶长》子谓公冶长："可妻也……。"

句中的"可妻也"，意思是"可以放心地把女儿嫁给他做妻子了。"

《史记·甘茂列传》：寡人欲相甘茂，可乎？

句中的"欲相"就是"想任命他为相"。因为是在能愿动词的后面，所以这些名词都活用为动词。

4. 名词放在副词后面活用为动词，因为副词在句子中面一般只作动词或形容词的修饰语。例如：

《孟子·梁惠王上》：老者衣帛食肉，黎民不饥不寒，然而不王者，未之有也。

句中的"不"是否定副词，"不王"是"不能当王"的意思。

《左传·僖公三十二年》：秦师遂东。

句中的"遂"是副词，"遂东"就是"于是就向东去"的意思。

5. 名词后面的介词结构做补语时，此名词便活用为动词，因为介宾结构总是要配合动词使用的。例如：

《史记·商君列传》：卫鞅复见孝公，公与语，不自知膝之前于席也。

句中的方位名词"前"，用在介词结构"于席"之前，是"挪到席的前面去"的意思，"前"活用为动词。

6. 名词用"而"连接时，活用为动词，因为连词"而"的特点是连接动词或动词性词组，通常不能连接名词。例如：

《战国策·齐策》：孟尝君怪其疾也，衣冠而见之。

句子中面的"衣"和"冠"原本都是名词，因为用了"而"与"见之"这一动宾词组连接，于是都活用为动词，意思是"穿衣戴冠"。

《盐铁论·相刺》：不耕而食，不蚕而衣。

句中的"蚕"和"衣"不仅用"而"连接，同时还受否定副词"不"的修饰，兼有名词活用为动词的两个条件，活用为动词。"不蚕而衣"，就是"不种蚕却有衣服穿"的意思；"不耕而食"，就是"不种地而有食物吃"的意思。

上面说的只是判别词类活用的一些基本条件，不能把所有的情况都概括进去。阅读古文时，一是要根据词类的语法特点；二是要联系上下文来正确地理解原文的意思。

第三节　古代汉语的宾语前置现象

所谓宾语前置，是古代汉语表达中出现的一种特殊的句式，就是把宾语放在动词之前。这种宾语前置并不是表达一定语气的一般倒装，而是有一定语法条件的。汉语没有固定的时态和形态，因此，词在句中的次序比较固定，从古到今变化也比较小。但古汉语中也有一些特殊的词序是现代汉语中所没有的，最典型的词序是宾语在一定条件下要放在动词或介词之前，这种宾语前置的现象产生的语法条件有以下三点：

一、疑问代词做宾语前置

"谁""何""奚""安""焉""胡""乌"等，都是古汉语中的疑问代词，它们做宾语时常常放在动词的前面。例如：

《左传·成公三年》："臣实不才，又谁敢怨？"

句中的"谁敢怨"就是"敢怨谁"的意思，把"谁"这个宾语放在了前面。

李白《行路难》：行路难，行路难，多歧路，今安在？

句中的"安在"就是"在安"（处在哪里），又是疑问代词充当宾语成分，所以放到了动词前面。

疑问代词作介词的宾语时，也须放在介词的前面。例如：

《庄子·秋水》：方存乎少见，又奚以自多？

句中的"奚以"就是"以奚"，也就是"凭什么""靠什么"的意思。

《岳阳楼记》: 微斯人, 吾谁与归?

句中"谁与"就是"与谁", 这都是常见的宾语前置结构。

二、否定句中代词宾语前置

否定句中代词做宾语, 这种宾语前置要具备两个条件: 一是宾语必须是代词, 表示否定的代词"莫"就属于此类; 二是全句必须是否定句。常用的否定词有"不""未""毋""勿""弗"等。例如:

《庄子·秋水》: 闻道百, 以为莫己若者, 我之谓也。

句中的"莫己若"就是"莫若己", 翻译过来的意思就是"没有谁能够比得上我自己。"

柳宗元《种树郭橐驼传》: 虽曰爱之, 其实害之; 虽曰忧之, 其实仇之, 故不我若也。

句中的"不我若"就是"不若我", 意思就是"不像我"。

上述例句, 由于宾语都是代词, 因此都提到动词前面。

三、宾语用指示代词复指前置

这类宾语前置的特点是在宾语前置的同时, 还要在宾语后面用代词"是"或"之"复指一下, "是"或"之"要放在动词前面。实际上这类宾语前置是对前面两个条件的补充, 也就是除了疑问代词宾语和否定句中的代词宾语外, 其他类型的宾语如果要提前, 就要在宾语后面用指示代词复指, 一起放到动词的前面。

例如:

《诗经·小雅·节南山》: 秉国之均, 四方是维。

在这个句子中, "维"是动词, 有"保护""保有"的意思, "四方"是"维"的宾语, 这里用代词"是"复指, 于是一起放到动词的前面。这时, "是"的词汇的意义消失了, 只起到了语法的意义, 在翻译时就没有必要译出来。

《庄子·秋水》: 闻道百, 以为莫己若者, 我之谓也。很明显, "我之谓"就是"说的就是我啊"! 宾语"我"用代词"之"复指后放置到动词之前。

这两种宾语前置的格式, 后来发展成了固定的格式: 一是在前面加上"唯"字, 构成"唯……是"或"唯……之……"的格式。在此, "唯"是表示强调或肯定的语气词, 强调宾语的作用更加明显。

例如:

《左传·宣公十二年》: 率师以来, 唯我是求。

句中"是求"就是"求是", 现代汉语中的"唯命是从"和"唯利是图"就明显地留有这种句式的痕迹。

从《左传·宣公二年》中的"其我之谓也"、《穀梁传·僖公二年》中的"其斯之谓与"、《左传·隐公元年》中的"其是之谓乎"三个句式中可以看出，句中如果宾语本身是代词，有一种情况依旧可以沿用这种语法格式来强调宾语，只是用来复指并起语法作用的代词一般用"之"而不是用"是"；而保留其词语意义充当动词宾语的指示代词通常用"是"或其他代词。上述例子中的几个代词，都起到复指的语法作用。古汉语中常见的格式形式，即"是之谓""此之谓"的固定格式。

第四节　古代汉语的判断句

一、古代汉语判断句

判断句通常被用来辨别事物的类别和属性。在现代汉语中，判断句一般用判断词"是"来表示肯定，而否定则在判断词"是"的前面加上否定词"不"。古汉语却不像现代汉语这样，它不用判断词，句型大体上有以下四种：

1. 在句子的主语后面加上辅助代词"者"字，复指主语，引出谓语并在谓语后面加上语气词"也"帮助判断。例如：

《庄子·逍遥游》：南冥者，天池也。

《韩非子·五蠹》：吾所欲者，土地也。

《史记·李将军列传》：李将军广者，陇西成纪人也。

上述三个句子，其格式都出现"……者，……也"。这是古汉语中最典型、最完整的判断句形式。

2. 在主语后面用来复指的"者"省去，只保留后面的语气词"也"。例如：

《左传·僖公四年》：贡之不入，寡君之罪也。

《汉书·张骞传》：张骞，汉中人也。

上述两个例句中，都把复指的"者"省去，但却保留了语气词"也"，句子的格式是"……，……也。"

3. 保留主语后面复指的"者"，省去后面的语气词"也"。

例如：

《史记·张仪列传》：陈轸者，游说之士。

其基本格式是"……者，……"。

4.句子中的"者"和"也"都省略了,同样可以形成判断句。例如:

《左传·哀公八年》:夫鲁,齐晋之唇。

《史记·孟轲荀卿列传》:荀卿,赵人。

句中没有了"者"和"也",同样表示判断。

需要说明的是,古汉语中也会常常出现"是"字,但它最初不是判断词,而是指示代词,和"此"的作用是一样的。它常被用来作判断句的主语。例如:

《论语·季氏》:是社稷之臣也。

《左传·僖公二年》:是吾宝也。

句中的"是"都是"此"和"这"的意思,在句子中充当主语成分。值得注意的是,以先秦口语为模仿标准的历代文言作品中,作为判断词的"是"始终没有被普遍采用。虽然先秦就已经将"是"作为判断词使用,但到了汉代才常见。它是由指示代词发展起来的。

还需要注意的是,在古汉语的判断句中,常常能够看到的在谓语前面加副词"乃""即"或语气词"维""惟",这些看来像现代汉语的判断词实质上不是判断词,"乃"和"即"是副词,用来加强肯定语气,大概相当于现代汉语中的"便(是)""就(是)"。而"维"和"惟"则是语气词,其作用是因此引出谓语。

二、判断句式的活用

古代汉语和现代汉语一样,同样有些不表示判断的判断句,即它们的主语和谓语并不属于同类事物或者并不具备同类性质。例如:

《荀子·王制》:君者,舟也;庶人者,水也。

很明显,句子中的"君"与"舟""庶人"和"水"都不是同一类事物,构不成判断关系。这里所说的是"君子像船,而庶人(老百姓)像水",这是用判断句的形式来表示比喻的一种修辞手段。

苏轼《日喻》:故凡不学而务求道,皆北方之学没(潜水)者也。

同上述例子一样,在形式上很像前面举的判断句的第二类例子,其实也是比喻意义。而下面的几个例子,就更不可能用判断句中的判断关系来解释。

《左传·庄公十年》:夫战,勇气也。

此句的意思是"打仗,是需要勇气的"。

《战国策·齐策》:百乘,显使也。

此句的意思是"带着百辆车乘的是显赫的使者"。

白居易《轻肥》:朱绂皆大夫,紫绶悉将军。

此句的意思是"戴着朱绂的都是大夫，戴着紫绶的都是将军"。

这些用判断句的形式表达比较复杂内容的方法，在古汉语中也属常见。我们在理解的时候必须针对不同的句式，仔细地加以分析，不要随意猜测。

此外，在古汉语中，判断句还有些灵活的用法，就是在表示因果关系的复句中，用带"也"的判断句放在表示结果的分句之后来说明原因。例如：

《韩非子·五蠹》：轻辞天子，非高也，势薄也；重争土橐，非下也，权重也。

句中从正反两个方面说明了"轻辞天子"和"重争土橐"的原因。

《战国策·触詟说赵太后》："此其近者祸及身，远者及其子孙；岂人主之子孙则必不善哉？位尊而无功，奉厚而无劳，而挟重器多也。"

这个句子比较复杂，只要仔细分析就会知道，"位尊而无功"下面的三句是解释"近者祸及身，远者及其子孙"的原因。对于这样的判断句式，我们必须针对句子的原意和句型来分析和判断，才能够翻译清楚。

第五节 古代汉语的被动表示法

古代汉语的被动表示法，大体上和现代汉语是一致的。所谓被动，就是指主语和谓语动词之间的关系是被动的关系，谓语动词所表示的动作行为不是由主语发出或者实现的。

一、被动表示法与被动句

《左传·隐公元年》：蔓草犹不可除，况君之宠弟乎？

《荀子·劝学》：锲而不舍，金石可镂。

上面的两个例句中，"金石"是被"镂"的，"蔓草"是被"除"的，主语都是后面的动词所表示的行为的被动者、受事者。这种被动表示法的特点，就是没有专门可以表示被动的词语，主语的被动性只能从语意上来理解，所以没有形成固定的表示被动的句式。这种被动表示法一直延续到现代汉语。应当注意的是，所谓的被动表示法与使用被动词所构成的被动句，不是相同的概念，它是被动表示法中包括使用被动词而构成的被动句。但是，被动句并不是汉语中表示被动的唯一的方法，它只是其中的一种，这一点一定要分清楚。

二、几种常见的被动句式

用被动句式表示主语的被动性质，是古代汉语和现代汉语都在使用的另一种被动表示法。所谓被动句式，就是指由于使用了专门的被动词，我们能够从句子的结构本身看出主语被动性质的句式。比如，现代汉语中的"机器被我修好了""东西被他吃掉了"等的句式，从其中的"被"字，我们就能够看出主语是动词所表示动作行为的受事者、被动者。这里所举的例子是典型的被动句的句式。在先秦时期，汉语中的被动句就已经出现。虽然如此，古代汉语和现代汉语的被动句中所使用的被动词是很不相同的，这是古今汉语被动句式的最大区别。在此介绍古汉语被动句的三种主要形式：

（一）用介词"于"构成的被动句

在被动句的动词后面用介词"于"把行为的主动者引入句中，使动词前面的主语产生了明显的被动性质。例如：

《庄子·秋水》：夏虫不可以语于冰者，笃于时也。

句子中的"笃"是限制的意思，"笃于时"就是被生长的季节所限制。

《战国策·齐策四》：寡人不祥，被于宗庙之祟，沉于谄谀之臣，开罪于君。

句子中的"沉于谄谀之臣"指的是"被谄谀之臣所包围和迷惑"。这类句子用"于"引入动作行为的主动者后，整个句子的被动式被凸显出来。古人在写文章时，还经常把主动句和被动句放在一起，以便强调其完全不同的结果，使句子有一种对比关系，一句是主动句，一句是被动句，"于"在这里所表示的被动意义就十分清楚了。

《孟子·滕文公上》：劳心者治人，劳力者治于人。

《汉书·项羽本纪》：先发制人，后发制于人。

上述两个句子前边的一半，没有加"于"字，所以都是主动句，而后边的一半加上了"于"字，引入了行为动作的主动者，所以是被动句。

（二）用"见"字构成的被动句

将"见"字放到动词的前面，使之形成被动句式，在古代汉语中是常见的形式。例如：

《荀子·非十二子》：故君子耻不修，不耻见污；耻不信，不耻不见信；耻不能，不耻不见用。

这个句子中的"见污""见信""见用"就是"被污""被信""被用"的意思，"见"在被动句子中表示被动的作用。

《汉书·燕刺王刘旦传》：臣闻武帝使中郎将苏武使匈奴，见留二十年不降。

句子中的"见留"就是"被留"的意思，"见"在被动句中起着表示被动的作用。

用"见"字构成被动句，通常只放在动词之前，表示这个动词具有被动的性质，但不能直接引入行为的主动者，这同"于"的作用很不相同。假如需要引入行为的主动者，就只能在动词后面再加一个"于"的被动句式与之相配合，行为的主动者出现在"于"的后面。

（三）用"为"字构成的被动句

例如：

《左传·襄公十八年》：止，将为三军获。

句子中的"将为三军获"，就是"将被三军获"，句中虽然没有出现主语，但全句却显示出明显的被动性质，"三军"是动词"获"这一动作行为的主动者。

《庄子·天下》：道术将为天下裂。

句中的"道术将为天下裂"，主语"道术"是动词"裂"（分裂、割裂）的对象，是被动者、受事者，"裂"这个行为的主动者则是"为"所引进的"天下"（指天下人）。

"为"字后面所引入的行为主动者有时也可以不出现，把"为"直接放在动词前面，形成被动句式。例如：

《史记·陈涉世家》：吴广素爱人，士卒多为用者。

句中的"为用"就是"被用"，句中的行为主动者皆未出现。

《史记·淮阴侯列传》：诚令成安君听足下计，若信者亦已为禽矣。

句中的"为禽"是"被擒获"，同样在句子中行为的主动者也没出现。

用"为"组成的被动句式中，经过演变，后来变化成一种具有"为……所"的句式，例如：

《史记·魏公子列传》：嬴闻如姬父为人所杀。

《汉书·霍光传》：卫太子为江充所败。

上面两个句子，就是古代常用的被动句的句式，现代汉语也沿用了这种句式，一般来说都很熟悉。在古汉语中，"为"后的行为主动者有时也可以不出现，将"为"和"所"连在一起。例如：

《史记·李将军列传》：其将兵数困辱，其射猛兽亦为所伤云。

句中的"为所伤"就是"被所伤"，在"为"的后面都没有将行为的主动者引入，因为这些主动者在前文中都已经出现，就用不着重复了。这种格式在现代汉语中是没有的。

第三章　汉语言美学欣赏

第一节　汉语言中的文艺美学

一、汉语言文学的性质和应用

汉语言是一门极为复杂又很重要的学科，在一个以语言为交流工具的社会中有着举足轻重的作用。汉语言文学具有语言性，语言包括语言学和汉字学等种类的学习研究，不仅有现代汉语还有古代汉语的层面，在语言的延展性上比较强。汉语言文学从语言的基础上延展到文学性主要以中国文学为主，有当代文学和文学的相关文学史，具有较高的文学性。从汉语言的文学性上又可以延展到文学的教育性上，在汉语言文学中教育性十分强，如果要学习汉语言文学就需要从理论深入，文学教育性主要表现为其深刻性、理论性和研究性。

汉语言文学可以从语言中表现出其生动鲜明的特性，用有感染力的词语表现出语言的美丽。提升汉语言文学的修养也是在提升自身的内在修养，表现在外在行为之中，在追求文学修养的过程中，就是追求自身修养的过程，只有感受到文学世界的真善美，汉语言文学的美与艺术才能得到释放。修养是后天形成的，需要一定物质意识形态进行模仿，而汉语言文学的内在精神就是影响人们形成良好的内在修养的一大因素，汉语言文学是世界文学的代表，中国上下文化五千年的文明结晶，可以很好地指导着我们在成长过程中的修养形态的客观沉淀。

二、文艺美学的特性

文艺美学在中国包含两个方面，是理论话语、学术建构、文化现象、话语形式受到学科逻辑和文化逻辑相互纠缠的结果，二者的矛盾造成文艺美学从产生到现在的话语现象。文艺美学表现为一种理论话语，理论是一种明确的逻辑完整的体系，然而话语没有形式上的严格性，也可以为闲谈的零散的悖论的形式。文艺美学在中国虽然是在谈论一种理论，但在于文艺美学的言说，从形式严格性上说有一定问题，但正因为成问题而造就它的深刻性和丰富性。因此，最好将之看成一种话语当，然它不是一种一般的话语，而是一种理论话语。

文艺美学在文化转型中产生发展，无论从学术的严格性上有着怎样的概念混合，但在具体的文化语境中却恰好有利于文学理论自身的学科转型，与政治意识形态关联最密切的文艺理论，要摆脱与自己的学术本性无本质关联的政治性，回归自我的学科本性，文艺美学的提出，确实都名正言顺。美学是世界学术体系中最难的学问之一其难首先表现在，世界上每个文化都知道美，却很难形成关于美的学问。美是广泛的，无论在什么地方都能遇上美的问题，美总是与宇宙的最高者相连，美的本质一直与哲学的根本问题相关，与人类学的基础相关。而美的学问则意味着要把美的概念按照学术体系的方式将美的问题学科化。

三、汉语言中的文艺美学

文艺美学应该在现代学术体系中有自己的学科逻辑，另外，它又是一种文化现象，应该以自己特有的方式作用在现实生活中。文艺美学如何从这两个一直相互纠缠的方面摆脱出来，成功完成学科建设，又找到自己作用现实和面向文化的恰当方式，面对的困难还很多，要走的道路也很长。但是只有当这两方面都得到清醒的认识和正确的定位时，有关文艺美学的探索才会真正清晰起来。文艺美学的产生还来源于中西文化在艺术本质认识上的差异，艺术的本质是追求美的过程，因此，艺术哲学本身就是美学。中国传统讲究文以载道，在中国传统语言中，文艺美学的理论可以包含很强的政治性，文艺美学还能突出文艺自身的特性，所以文艺美学在中国得到认可，与中国文化的学术变化有着不可分离的联系。

我国上下五千年的文化历史源远流长，艺术底蕴博大精深，汉语言的美首先是由内容美和思想美决定的，但这并非轻视语言的形式美和艺术美，否定语言的使用技巧。孔子早就强调演讲要有文采，说话要讲求技巧，他说"情欲信，辞欲巧"，这样才能说服打动对方。毛泽东说"缺少艺术性的艺术品，无论政治上怎样进步，也是没有力量的"。鲁迅说"单是题材好，是没用的，还是要技术"。在无产阶级革命与社会主义的建设中，周恩来的为人处世既有原则性，又具有灵活性，在人际交往中，他讲究刚柔相济，把方方面面的关系处理得恰到好处。特别是在错综复杂的国际风云中，他纵横驰骋，游刃有余，表现了无与伦比的外交语言艺术，更是令人折服。

第二节 汉语言文学专业中的美学课程

美学是中文专业课程设置的一门必修课程或选修课程，一般开设在中文系的高年级，是文学理论课程的深化。作为汉语言文学专业理论课程的延续，美学具有重要的价值。它能够在文学理论课的基础上进一步深化理论思维，把审美思维扩展到艺术和其他文化形态上；能够扩展学生的人文学科的综合知识，培养学生宽阔的跨学科知识结构。可以说，美学课程是中文系高年级不可或缺的课程，对学生整体能力的培养具有重要价值。但是，美学作为一门多学科交叉的理论课，在教学活动中也存在着一系列问题，如晦涩性、审美经验缺乏和理论体系陈旧等。这些都需要在教学实践中因势利导，发挥教师和学生的主体性，将美学变成生动的、有经验贴切性和研究性的课程。

一、多学科交叉的美学体系

美学最初是作为哲学的一个分支，在古希腊兴起的，其后也是在哲学学科内部延伸和发展的。随着哲学问题的转变，美学也经历了同样的发展过程。从古希腊的本体论哲学体系中诞生的本体论美学开始，美学成为本体论哲学的一个有机构成部分，其提问方式随着哲学的提问而延续，由"世界是什么？"变成了"美是什么？"。柏拉图天才式的追问"美是什么？"构成了美学的开端。此后许多年，美学一直作为哲学的一个部分而存在。1750 年，鲍姆加登创立美学，美学作为独立学科出现，但是仍然在哲学的框架内运行。以康德、黑格尔为代表的德国古典美学仍然如此，康德讲述美学和目的论的《判断力批判》不过是沟通《纯粹理性批判》和《实践理性批判》的桥梁。其后，认识哲学体系中的认识论美学，语言论转向的语言论美学都与哲学思想息息相关，成为哲学思想延展的一个重要场域。

作为一门独立的学科，美学与哲学的交集在现代美学这里开始逐渐淡化。到了现代美学这里，参与美学建构的知识体系开始丰富起来。在新的知识体系中，对美的哲学追问只是很小一部分，作为本体论而存在着。心理学、语言学、教育学、人类学等的介入，使得现代美学发生了形态的转换。心理学的介入使得美学发生了主体审美心理的研究转向，审美心理学成为美学必不可少的一个部分。教育学的介入，使得审美教育成为一个重要问题，进入美学教学的基本环节。人类学、考古学的介入使得审美发生问题和审美的文化性得到系统阐释。经过现代多学科知识的参与，美学从以哲学为主的古典形态发展到多学科交叉的现代形态。与此同时，美学基本理论知识也经历了本体论、认识论、语言论和文化论的转换。

目前，美学教学使用的教材，都是以现代美学体系为蓝本的。一般的美学教材有如下板块：美的本质论、审美活动论、审美经验论（美感论）、审美形态论（审美范畴论）、艺术审美论、审美教育论等。美的本质论、审美活动论、审美形态论等章节都是从哲学的角度对美学做理论的演绎，审美经验论从心理学的角度对审美活动中主体的心理变化、心理过程进行多重描述，艺术审美论则综合哲学和艺术学的知识，从一般意义到特殊形态等方面论述艺术的一般知识和审美特性。从现有美学教材的知识体系来看，多学科知识的综合建构成为美学教材的基本色调。多学科交叉理论主导的美学教学，在整个中文系课程设置中有着不可替代的作用。从知识系统到内在的理论培养连续性上，美学教学在文学教育中都具有不可或缺的价值。这些问题都应该在中文专业课程体系的设置方面加以强调，从而凸显美学教学在文学教育中的功能和价值。

二、美学在中文系课程体系中的功能

从学科属性来看，美学一般划到哲学系，但是长期以来，美学在哲学系并没有开花结果，而是在中文系枝繁叶茂。甚至有趣的是，现在很多哲学系的美学师资是中文系培养的。美学在中文系的延续和发展，说明美学与文学有着密切的联系，在中文系课程体系中承担着重要功能。

首先，美学课程是文学理论课程的延续，是理论课的深化。理论课程对人文学科非常重要，它承担着培养学生人文素质的基本功能。"理论的主要效果是批评常识，即对于意义、写作、文学和经验的常识。"文学理论课程是中文系必修课，承担着培养学生理论素养、普及文学常识、建立系统的文学知识的重任，同时，让学生以怀疑的态度，批判习以为常的观念。经过文学理论课学习，学生掌握了必要的理论知识，再加上文学史和文学作品选，已经形成了较为完善的文学知识。那么，如何延续理论素养的培养？这就需要一门新的课程，美学应运而生。它承担了继续深化理论知识学习和理论思维培养的重任。美学的学习，涉及本质论、审美经验论、审美范畴论、艺术论等知识，直接丰富了原有的理论知识。在美学的课程体系中，还包括许多美学史的理论知识。学生在学习过程中，针对某一美学流派，进行自主的学习，可以进一步深化对理论的认知。这些知识，看似与文学无关，实际与文学息息相关，学生可以将这些知识迁移到文学知识系统中，作为文学批评的重要知识背景。在这种意义上，美学教学恰恰是加深了文学教育的理论素养，并且让文学的理解具有别样的形态。

其次，培养学生开阔的人文视野和多学科知识。学科分类本来就是现代社会建立学科体制的结果，其本身具有进步意义，促进了学科知识的大发展。但是，随着学科的进一步细化，现代学科体制阻碍了知识的进一步生产。20 世纪后半期，跨学科的知识生产成为科学领域的一种常见现象。在人文学科中，跨学科的研究趋向也日益明显。许多自然科学、社会科学的方法和知识纷至沓来，传统的人文科学发生了很大的变化。但是，现有的学科体制相对滞后，不能全面反映学术研究的新进展。美学天生就是为跨学科而来的，它所涉及的许多问题都需要相关学科知识来阐释。与文学理论不同，美学课程的设置突破了单纯文学知识的培养，把目光投向了文学之外。在美学的多重知识视野中，学生学习哲学、心理学、人类学、艺术学的知识，并且从理论的角度对文学艺术加以演绎，就可以解读出不同的意义。

最后，突出审美经验的内在相通性。在大的知识分类中，文学、艺术同属一类，二者具有审美经验的一致性。在审美经验的相通性上，文学、艺术找到了共同点，成为一个共同体。文学、艺术的一致只是理论上的，在实际的学科教学中，二者又是分裂的。文学归于中文系，艺术归于艺术系。但是二者的确联系紧密，文学与绘画、音乐、舞蹈等有着天然的联系。苏轼评价王维诗歌云：诗中有画，画中有诗。诗画一体的理论在美学史上比比皆是，应者如潮。文学与音乐、舞蹈的联系也非常紧密，即诗乐舞一体。《毛诗序》云："诗者，志之所之也，在心为志，发言为诗。情动于中而形于言，言之不足故嗟叹之，嗟叹之不足故咏歌之，咏歌之不足，不知手之舞之足之蹈之也。"三者在情感中找到了共鸣，而情感的核心在于审美。美学课的重要板块是艺术论，通过对各种门类的艺术进行理论分析和概括，学生对艺术有了直接感受。在对文学的感受中，这种艺术的审美经验就会横移到文学中，增加文学意义感受和阐释的多重性。由此可见，在中文系开设美学课，可以凸显审美经验自身的相通性，让文学经验走向审美经验，从而获得更为深入的理解。

三、美学教学的问题与反思

在教学活动中，美学的多学科交叉的复杂性、理论阐释的学理性、教材编写的滞后性等导致美学教学产生了许多迫切需要解决的问题。在日常教学活动中，美学教学呈现出一些问题症候，需要有针对性地总结并且对症下药，从而获得更好的教学效果。

首先，理论的晦涩与清晰，这是教学活动首先遇到的问题。现有的美学教材，大部分都是先建构一个理论体系，然后按照这个体系，阐述美学问题。比如，在国内影响非常大的朱立元教授主编的美学教材就是以实践存在论美学为基础的。这本教材理论体系设计严密、层次清晰，能让学生全面了解美学的基本知识。但是，在实际的教学活动中，该教材与以往的其他美学理论教材一样，学生反映看不懂。其根本原因应该是教材只注重理论自身的建构和演绎，忽视了接受对象的理论素养以及实际的日常经验材料。这些都需要在教学活动中加以处理，才能增强教学效果。

当然，晦涩性似乎是理论必备的特征，其根源于思想的深刻性和特有的言说方式。对没有受过系统理论训练的本科生而言，这种晦涩性就增加了理解的难度。但是，是否能为此就放弃理论的言说方式呢？答案是否定的。没有了理论独有的言说方式，理论本身就会失去特性。这种晦涩性就需要教师在教学活动中采用特殊方式加以阐释，让其在学生的头脑中清晰起来。理论的清晰并不是要破坏其言说方式，而是要搞清楚其言说的逻辑性，变成逻辑的清晰。美学理论的晦涩性主要体现在独有的概念、逻辑方面。美学理论教学中的独有概念需要在确定基本含义的基础上，将其来龙去脉，也就是发展历史讲清楚。在来龙去脉的讲述中，学生明白了这个概念的发展历史，在意义的历史变迁上就能充分理解和掌握概念。同时，对一个观点得出的逻辑延展也需要重点讲解，让学生知道其来路。在教学活动中，极为重要的是，需要对教学活动中的案例进行精选。案例的选择必须契合所讲理论本身，要注意经典性，同时，必须注意其鲜活性和贴切性。

其次，审美经验的贴切性与接受者的自主性也是教学活动中需要关注的问题。美学教学中经常犯的错误是过于注重理论自身的言说，而缺乏具体的、鲜活的经验，与审美实践脱节。这种状况与传统美学出身于哲学体系有直接的关系。哲学是一种包罗万象的自我言说，很多时候类似于一种思想的游戏。在现代美学自身的发展中，美学已经跨出理论自我言说的囹圄，开始走向人类自身的实践活动。生态美学、环境美学等美学理论直接源于现实面临的存在问题，并且将之推行到现实的人类实践活动中。美学不应是困于自身封闭体系中的东西，而应该向广阔的现实生活开拓。

我们现有的美学课程过于偏重理论和美学思想的教学，忽视美学与现实的联系。比如关于美的本质，一般教材都是融合美学史上一些经典的"美是什么"的答案，几乎是美学史的一个简单浏览。美学史上的一些经典美学家和观点成为讲课的基本材料。当然，美的本质是美学史不可或缺的构成部分，应该纳入教学体系中。但是，对这部分的教学处理就需要做多方面的考虑。在教学活动中，可以在讲解经典答案的同时，让学生结合自己的现实的审美经验，查阅资料，回答"美是什么"的问题。在基本理论讲解的同时，要将美学在现实生活中的应用讲给学生，让学生将美学观念和方法运用到自身的经验领域中，从而感受到美学与生活的密切联系。审美经验与生活的贴切性会充分发掘学生的能动性，让其结合理论去探索自身，最后再回到美学理论中。

最后，关注新的美学研究成果，切入研究性问题，也是教学活动应该具备的品质。作为传播基本理论的美学教材，比较注重成熟的、经典的理论知识的吸收和讲授，让学生迅速了解美学的知识体系，这是无可非议的。但是，毕竟美学是鲜活的，是随着时代的发展而变化的。由此，美学教材的编写和讲述应该在吸收基本理论的同时，注意前沿性研究成果的吸收和转化，带领学生去研究新锐的理论问题，让教学活动从传授灌输逐渐向研究性学习转变。这些年来，美学自身的发展日新月异，其发展并不完全是自身理论的延续，而是基于现实问题的需要，有其内在的动力。这种发展应该迅速反映在教材的编写中。很多学者在编写教材时注意吸收新的研究成果，如最近一些年在国内新出现的审美人类学、生态美学、休闲美学等，就被许多教材列入。"审美人类学研究的兴起和发展是近些年来在国内当代美学／文艺学以及人类学领域中值得关注的学术发展动态之一。"生态美学、休闲美学亦是如此。它们都是对传统美学的反驳，将传统美学形而上的演绎转向需要现实的审美经验的支撑。美学关注对象转向现实的文化艺术，这种趋向就将美学与人们自身生活的世界联系起来。在教学活动中，教师要通过审美人类学的研究方法的传授，引导学生关注自身所处的大众文化、地域审美文化的变迁，让学生研究、总结，并与美学课联系起来，将高高在上的理论转变成鲜活的生活的学问。这种引导性教学，可以提高学生对理论课的兴趣，提高其专业学习的积极性。

总之，中文系的美学教学活动具有自身的特殊性。它是文学教育的一个有机构成部分，与中文系的其他课程相辅相成。因其课程的特殊性，需要在教学活动中采取多种方法，激活接受主体的审美经验。在教学活动中，还应该引入前沿的研究成果，尤其是与生活密切相关的新成果，从而激活理论对现实的关涉性，让学生学会研究性学习。

第四章 汉语言文字阅读与理解文化传播

第一节 文言文基本知识

一、文言实词

古代汉语中，文言实词的数量较大，而且绝大部分具有多义性，用法较灵活。因此，确定文言实词在特定语句中的含义，就成为阅读文言文的一个难关。积累一定数量的实词，掌握有关的知识和正确的方法，是非常必要的。

（一）古今词义的异同

语言是发展变化的，有新词的产生、旧词的灭亡，还有一些词在词义上发生变化。相对而言，前两者比较简单，只要多识多记就可以。后者情况比较复杂，词的古义和今义既有联系又有区别。如词义的范围大小不同，词义的侧重点不同，词义的程度轻重和感情色彩不同。

根据词义适应的范围，古今异义可以分成词义的缩小、词义的扩大和词义的转移等主要变化类型。这是从今义相对于古义的角度而言的。

词义的缩小是指今义的范围小于古义，今义包含在古义中。如"亲戚"，古义指亲属，包含父母子女，今义指由婚姻而结成的除父母子女外的亲属。"臭"，古义指气味，今义专指难闻的气味。

词义的扩大指今义的范围大于古义。如"江""河"，古义专指"长江""黄河"，今义泛指"河流"。"响"，古义指"回声"，今义指"声音"。

词义的转移指词义中心在转移。如"走"，古义是"跑"，今义是"行走"。"货"，古义是"财物"或"东西"，今义是"商品"或"货物"。

（二）词的本义和引申义

词的多义性主要是因词义引申而造成的。掌握词义引申的规律，分析本义和引申义，有助于我们理解古代汉语的词义。

1. 词的本义

在众多的词义中，作为词义引申起点的那个意义，就是词的本义。抓住本义是理解引申义的关键。

2. 词的引申义

引申义是由本义派生出来的，二者之间存在着必然的相关之处。引申义与本义的关系有远有近，可分为直接引申和间接引申两种。

（1）直接引申义。直接引申义是从本义直接派生出来的意义。如"城"的本义是"城墙"，后来引申为"城市"。前者如《左传·郑伯克段于鄢》中"都城过百雉，国之害也"，后者如杜甫《春夜喜雨》中的"晓看红湿处，花重锦官城"。

（2）间接引申义。间接引申义是由直接引申义再度引申之义。如根据《说文解字》，"朝"的本义是早晨，后引申为"朝见"的"朝"，然后由朝见引申为朝廷，再由朝廷引申为朝代。

3. 同义词辨析

同义词是指意义相同或相近的词。但词义完全相同的词是很少的，绝大部分只是部分意义相同。分析这类语言现象，便于我们理解和接受古文。同义词之间的差别是多种多样的，主要表现在下面几个方面。

（1）范围大小不同，即概念的内涵或外延不同。如"人"和"民"，虽同指人类的社会成员，但总体而言，"民"的外延比"人"小，"人"是相对于禽兽的人类的统称，"民"则是被奴役、被统治的那部分"人"。又如"女"和"妇"，"女"是女性的统称，而"妇"则仅指已婚女性。

（2）性状情态不同，即所指事物或动作的性状情态不同。如同是供书写用的东西，竹片做的称"简"，木板做的称"牍"，薄而小的简牍称为"牒"或"札"。同样，指称睡觉的词中，"寝"指的是躺在床上睡，"卧"是趴在几案上或靠着几案睡，"睡"则指坐着打盹。

（3）程度深浅轻重不同。如"饥"和"饿"，前者是一般的饿，表示需要吃点东西；后者是非常的饿，不吃就难以支撑了。又如"疾"和"病"，一般的病或小病称作"疾"；严重的病称作"病"。

（4）侧重点不同。如"恭""敬"二字都有礼貌、不怠慢的意思，但前者侧重于外貌情状，后者侧重于内心情感。

（5）感情色彩不同。如"诛""杀""弑"三字，"杀"字是中性词，是客观的表述；"诛"则表示对有罪者应有的惩罚，暗含着对"杀"这一行为的肯定；"弑"则含谴责、否定之义，认为杀的对象是不该杀之人。

（6）语法功能不同。不同的词性，语法功能不同。有时词性相同，词的语法特点及功能也会有差别。如"耻"和"辱"，用作动词时，前者的宾语往往是动词性词组，意为"以……为耻"，如"不耻下问"；后者的宾语往往是名词，多半指称人，如"我见相如，必辱之"。

（三）词类活用

在古代汉语中，有些词可以按一定的表达习惯灵活运用，临时改变词性和功能。准确地把握这种规律，有利于理解词的含义。这类词主要是实词中的名词、动词、形容词。

1.动词的活用

动词的活用主要是指不及物动词的使动用法。不及物动词本来不带宾语，若带着宾语，一般要用作使动，表示主语使宾语发生了该动词所表示的动作或行为。如《烛之武退秦师》中"焉用亡郑以陪邻"中，不及物动词"亡"本来不能带宾语，但在这里做谓语，活用作使动，"亡郑"即"使郑国灭亡"。

某些及物动词也有使动用法，但比较少见。如《捕蛇者说》中"谨食之，时而献焉"，"食"是及物动词，但这里不是捕蛇者吃蛇，而是捕蛇者"使蛇吃"，可意译为喂养。

2.形容词的活用

形容词的活用主要有三种。

第一种是形容词用作一般动词。形容词在陈述句中充当带宾语的谓语时，须活用作动词。如"益烈山泽而焚之"，"烈"原为形容词，表示火之猛烈、强烈，但在句中是在宾语前做谓语的，应活用作动词，意为"放火"。

第二种是形容词用作使动，这种用法使宾语具有这个形容词所表示的性质或状态。如"诸侯恐惧，会盟而谋弱秦"句中"弱"字为使动用法，即"使秦弱"。

第三种是形容词的意动用法，这种用法表示主观上认为（觉得）宾语所表示的事物，具有这个形容词所表示的性质或状态。如"孔子登山而小鲁，登泰山而小天下"，其中，"小鲁""小天下"是主语"孔子"主观上认为"鲁"和"天下"是"小"的。

3.名词的活用

名词的活用类型比较多，这里主要介绍四种：名词用作一般动词、名词的使动用法、名词的意动用法和名词用做状语。

（1）名词用作一般动词

①两个相连的名词，既不是并列关系，又不是修饰关系，而是动宾或主谓关系，这时前面那个名词应活用为动词。如"遂王天下"，句中有两个相连名词"王"和"天下"，这时"王"就应该活用作动词，意为"称王"。

②名词后面紧跟代词时，该名词活用为动词。如"驴不胜怒，蹄之"中的"蹄"字动词用，意为"用蹄踢"。

③名词用在"所""者"结构中，活用为动词。如"是以，令吏人完客所馆"中的"馆"字，意为"居住、住宿"。

④名词放在副词后面，活用为动词。如"故明君不官无功之臣，不赏不战之士"中的"官"字，意为"封官"。

⑤名词放在"能""可""足""欲"等能愿动词后面，活用为动词。如"左右欲兵之"中的"兵"字，意为"杀"。

⑥名词后面带了介词结构做补语，活用为动词。如"晋师军庐柳"中的"军"字，意为"驻扎"。

⑦名词用"而"同动词或动宾词组连接时，活用为动词。如"三代不同礼而王，五霸不同法而霸"句中的"王"和"霸"，意为"成就了王业"和"成就了霸业"。

（2）名词的使动用法

①名词用作使动，使宾语成为这个名词所代表的人或物，或使宾语产生这个名词用作动词后所发生的动作。如"尔欲吴王我乎"中的"吴王"意为"让……当吴王"。

②方位名词活用为动词后，有时也有使动用法。如"筑室百堵，西南其户"中的"西南"，意为"使……向着西方或南方开"。

（3）名词的意动用法

名词用作意动，把后面宾语所代表的人或事物，看作这个名词所代表的人或事物。如"孟尝君客我"中的"客"字，意为"把……当作客人"。

（4）名词做状语

在现代汉语里，做状语的名词只限于时间名词和方位名词，普通名词做状语则比较少。而在古代汉语里，名词做状语却是常见的现象。

①普通名词做状语，表示比喻、方式、态度、处所等。如：

a.嫂蛇行匍匐。

b.君为我呼入，吾得兄事之。

c.黔无驴，有好事者船载以入。

d. 夫以秦王之威，而相如廷叱之，辱其群臣。

例 a 中"蛇行"的意思是"像蛇一样地爬行"。

例 b 的"兄"，在这里做"事"的状语，表示对人的态度，可译为"我要用招待兄长的方式招待他"。

例 c 这里"船"修饰动词"载"，意思是"用船载运"。

例 d 的"廷叱"，意思是"在朝廷上呵斥"。

②时间名词"日""月""岁"做状语，表示每一、渐进、往昔等。例如：

a. 良庖岁更刀，割也；族庖月更刀，折也。

b. 其后楚日以削，数十年，竟为秦所灭。

c. 日吾来此也，非以翟为荣，可以成事也。

例 a 中的"岁更刀""月更刀"，意思是每年、每月要更换刀。

例 b 中的"日以削"，意思是一天天地削弱。

例 c 中的"日"可当"往日""从前"解释。

③方位名词做状语。单纯的方位词"东""西""南""北"等在行为动词前做状语，一般表示动作行为的趋向，翻译时常常需加介词"往""向"等。如"足下右投则汉王胜，左投则项王胜"句中的"左""右"即为"向左""向右"。

二、文言虚词

（一）之

（1）用作第三人称代词或指示代词，充当宾语，译作"他（他们）""它（它们）""这"等。如"择其善而从之"中的"之"，意为"它"，代"其善者"。"均之二策，宁许以负秦曲"中的"之"，意为"这"，代"二策"的内容。

（2）用作助词，放在定语和中心词之间，或中心语（动词、形容词）和补语之间，相当于现代汉语中的"的""得"，也可以不译。如"道之所存，师之所存也"中的两个"之"，和"古人之观于天地、山川、草木、鸟兽，往往有得，以其求思之深而无不在也"中的第二个"之"均属此类。

（3）结构助词，宾语前置的标志。用在被提前的宾语之后，动词谓语或介词之前。译时应省去。例如：宋何罪之有？

（4）结构助词。"之"用在主语和谓语之间，取消了句子的独立性，使主谓短语在句中作为一个成分或分句，可不译。例如：师道之不传也久矣！欲人之无惑也难矣！

（5）音节助词。用在形容词、副词或某些动词的末尾，起到补充音节的作用，没有实义。例如：知之为知之，不知为不知，是知也。

（6）用作动词，相当于现代汉语中的"往"，如"自楚之滕"。

（二）其

（1）用作代词。"其"在句中充当定语，可译为"他（们）的""它（们）的"。例如：臣从其计，大王亦幸赦臣。

（2）用作代词。用在动词或形容词之前，做主谓短语中的小主语（整个主谓短语，在句中做主语或宾语修饰语）应译为"他（们）""它（们）"。例如：秦王恐其破璧。

（3）指示代词，表远指，可译为"那""那个""那些""那里"。例如：今操得荆州，奄有其地。

（4）用作副词。放在句首或句中，表示测度、反诘、期望等语气，常和放在句末的语气助词配合，视情况可译为"大概""难道""还是""可要"等，或省去。例如：其孰能讥之乎？

（三）而

（1）用作连词。连接词、短语和分句，表示并列、递进、承接、转折、假设等多种关系。可译为"又""并且""就""接着""但是""假如"等。例如："蟹六跪而二螯。""青，取之于蓝，而青于蓝。"

（2）用作代词。只用作第二人称，一般做定语，译为"你的"；偶尔也做主语，译为"你"。例如：而翁长铨，迁我京职，则汝朝夕侍母。

（3）复合虚词"而已"，放在句末，表示限止的语气助词，相当于"罢了"。例如：一人、一桌、一椅、一扇、一抚尺而已。

（四）则

（1）用作连词，可表示承接、假设、并列、转折、让步等多种关系，可译为"就""便""如果""虽然""倒是"等。如"故木受绳则直，金就砺则利"中的"则"意为"就"，"学而不思则罔"中的"则"意为"那么""就"。

（2）用作副词。用在判断句中，起强调和确认作用，可译作"是""就是"。例如：此则岳阳楼之大观也。

（五）乃

（1）用作副词。"乃"用作副词可表示前后两事在情理上的顺承或时间上的紧接，可译为"就""这才"等；也可表示前后两事在情理上是转折的，可译为"却""竟

（然）""反而""才"等；还可表示对事物范围的一种限制，可译为"才""仅"等。如"上乃欲变此"中的"乃"意为"于是"，"今君乃亡赵走燕"中的"乃"意为"却"。

（2）用作代词。只用作第二人称，常做定语，译为"你的"；也做主语，译为"你"，不能做宾语。例如："王师北定中原日，家祭无忘告乃翁。"

（3）用在判断句中，起确认作用，可译为"是""就是"等。例如：若事之不济，此乃天也。

（六）以

（1）表示动作、行为所用或所凭借的工具、方法、条件及其他，可视情况译为"用""拿""凭借""依据""按照""用（凭）什么身份"等。例如：愿以十五城请易璧。

（2）起提前宾语的作用，可译为"把"。例如：秦亦不以城予赵，赵亦终不予秦璧。

（3）表示动作、行为产生的原因，可译为"因""由于"。例如：且以一璧之故逆强秦之欢，不可。

（4）表示动作、行为发生的时间和处所，用法同"于"，可译为"在""从"。例如：余以乾隆三十九年十二月，自京师乘风雪，……至于泰安。

（5）表示动作、行为的对象，可译为"和""跟"。例如：天下有变，王割汉中以楚和。

（6）用作连词，用法和"而"有较多的相同点，用于表示转折以外的各种关系。例如：余折以御。

（7）复合虚词"以是""是以""以此"，可译为"因此"，引出事理发展或推断的结果。例如：是以十九年而刀刃若新发于硎。

（七）于

"于"是介词，总是跟名词、代词或短语结合，构成介宾短语来修饰动词、形容词，表示多种组合关系。

（1）表示动作的时间、地点、范围、对象、方面、原因等，视情况可译为"在""在……方面""在……中""向""到""自从""跟""同""对""对于""给""由于"等。如"故燕王欲结于君"中的"于"意为"跟"，"洪水横流，泛滥于天下"中的"于"译为"在"，"归璧于赵"中的"于"译为"给"。

（2）放在形容词之后，表示比较，一般可译为"比"，有时可译为"胜过"。例如：冰，水为之，而寒于水。

（3）放在动词之后，引进行为的主动者，可译为"被"，有时动词前还有"见""受"

等字和它相应。例如：臣诚恐见欺于王而负赵……

（4）复合虚词"于是"。若放在句子开头，表前后句的承接或因果关系。例如：于是秦王不怿，为一击缻；若放在谓语之前或之后，属介宾短语做状语或补语，相当于"在这""从这"等。例如：吾祖死于是，吾父死于是。

（八）然

（1）用作连词，主要表示转折关系，可译为"可是""但是"。例如：然不自意能先入关破秦……

"然"还常和"则"结合，"然"表示承接上文事实，"则"表示由此进行阐述或论断，可译为"既然如此，那么（那就）"，也可单译为"那么"。例如：是进亦忧，退亦忧。然则何时而乐耶？

（2）用作代词，相当于口语中的"这样""如此"。例如：不然，籍何以至此？

（3）用作助词，在形容词、名词或短语之后，相当于口语的"……地""……的样子"。例如：蒋氏大戚，汪然出涕曰……

（4）"然"还常做应对之辞，同口语中的"是的""对的"相似，或者表示赞成、同意，即"认为是""认为对"的意思。例如：袁曰："然，固有所闻。"

（九）为

"为"在文言中经常用作动词和介词，也可以用作助词。用作动词，意思是"做"。还可做判断词"是"。这些都属于实词范围。下面介绍做虚词的几种用法：

（1）用作介词。"为"用作介词除表被动外，一般读去声。可译为"向""对""替""给""当"等。例如：不足为外人道也。

（2）用作介词。"为"用作介词表示被动关系，读阳平声，可译为"被"。"为"所关联的是动作行为的主动者，有时亦可不出现主动者。有时跟"所"相结合，构成"为所"或"为……所"。例如：今不速往，恐为操所先。

（3）用作助词。"为"用作助词读阳平声，放在疑问句之末，表示反问，前面有疑问代词跟它呼应。可译为"呢"。例如：如今人方为刀俎……何辞为？

（十）莫

（1）用作无定代词，充当主语，相当于"没有人""没有谁""没有什么"。例如：宫妇左右莫不私王……

（2）用作否定副词，相当于"不""不能"。例如：今为君计，莫若遣腹心自结于东，以共济世业。

三、文言句式

（一）判断句

古代汉语的判断句与现代汉语不同，不用连词"是"，而是在谓语后面加语气词"也"。其基本句式有："主语＋谓语＋也"或"主语＋者＋谓语＋也"。例如："此王业也。""陈胜者，阳城人也。"

另外，偶尔有些不用语气词的，不太容易辨别。

（1）不用语气词，完全由词序来体现。例如：兵者，凶器。

（2）用"为"联系主语和谓语，表示判断。例如：马超、韩遂尚在关西，为操后患。

（3）用"是"表判断。例如：同行十二年，不知木兰是女郎。

（4）用副词"非""乃""即""则"等表示判断。例如：子非我，安知我不知鱼之乐？

（二）被动句

在古代汉语中，有些词语在词义上就表示被动，如动词前带有"足""可""能"等助动词时，句子往往表示被动义。还有一些没有表示被动的标志，只能根据上下文的文意才能确定是主动还是被动。例如："始以俘见，卒见大师"中第一个"见"字，根据上下文，可译为"被引见"。

另外，常见的表示被动的句式，主要有四种：

（1）"于"字句：及物动词＋于＋主动者。例如：劳心者治人，劳力者治于人。

（2）"见"字句：见＋动词或者见＋动词＋于＋主动者。例如：臣恐见欺于王而负赵。

（3）"为"字句：为＋主动者＋动词或者为＋主动者＋所＋动词。例如："茅屋为秋风所破。"

（4）用"受""被""受……于"表示被动：被（受）＋动词或被（受）＋动词＋于＋主动者。例如：吾不能举全吴之地，十万之众，受制于人。

（三）宾语前置句

1. 否定句中代词宾语前置

否定句中，指示代词或人称代词（之、我、己等）做宾语时，常常放在动词之前否定词之后。这种情况有两个必备条件：第一，宾语必须是代词；第二，全句必须是否定句，即必须有否定副词"不、未、毋（无）"等，或有表示否定的不定代词"莫"。

例如，"每自比于管仲、乐毅，时人莫之许也"中的宾语"之"，即被前置于谓语"许"前，正常的语序为"时人莫许之也"。

2. 用代词复指的宾语须前置

用于复指宾语的代词"是"或"之"，往往放在动词的前面。例如：君亡之不恤，而群臣是忧。句中的"亡"是"恤"的宾语，借助代词"之"复指宾语即被前置，正常的语序为"君不恤亡"。

这种格式，还可以扩成"惟（唯）……是……"或"惟（唯）……之……"的格式，强调宾语的作用就更加明显。例如，父母唯其疾之忧，正常的语序为"父母唯忧其疾"。

3. 疑问句中疑问代词宾语前置

"谁""孰""何""奚""曷""安"等疑问代词做宾语时，一定要放在动词之前。例如："君何患焉？""沛公安在？"

疑问代词做介词的宾语，也要前置。例如：将何以赡之？

（四）成分省略句

（1）主语的省略。省略的条件有承前省、蒙后省、承宾省、对话省，以及概括性省略等。古今汉语都有省略，但古汉语主语省略的情况更多更复杂。例如：楚人为食，吴人及之。奔，食而从之。后面一句就是承前省，可译为"楚国人跑了，吴国人把饭吃了又跟上去追赶"。

（2）谓语的省略。谓语一般是不能省略的，但在对话中或不发生误解的情况下也可以省略，特别是动词谓语。要根据具体的语言环境，参照上下文加以补充，才能准确地理解。例如：一鼓作气，再而衰，三而竭。后两个分句的动词谓语"鼓"，承第一个分句的动词谓语而省略。

（3）古代汉语的介词结构有时是可以省略介词的。常见的是省略介词"于"和"以"。例如：至则无所用，放之（于）山下。

四、修辞

古代汉语中的修辞种类多种多样，有些与现代汉语大致相同，有些则用法不太相同，还有些是古汉语所特有的。

（一）用典

用典是指用古代的历史事件或古籍中的语句，来证明或表达自己的观点和思想感情。用典有明用和暗用。典故用得恰当，可以增强文章的说服力，使文章精练典雅、委婉含蓄。例如，"但使龙城飞将在，不教胡马度阴山"中的"飞将"，用的是飞将军李广的典故。

（二）委婉。

委婉是使用谦敬语、避讳语、迂回语等，婉转曲折地把内容表述出来的手法。

谦语是在言谈中提到自己的事情时用的，如"仆""下臣""寡人"。敬语则是对他人的尊敬，如"先生""足下""陛下"。

避讳是对一些不吉利、不光彩、不雅观的事情，加以回避、掩盖或装饰、美化。

迂回是拐弯抹角，话中有话，本来说甲事，却偏说乙事，即意在彼而言在此。

（三）比兴

比，即譬喻、打比方，是对事物做形象的比况；兴，是先借用其他的事物作为诗歌或章节的开头，引起所要歌咏的事物。

兴是一种最具民族特色的表现手法，在诗歌中除了用在开头起发端作用外，还具有引起联想和比喻、加深寓意和象征、增强渲染和烘托的作用，使诗歌曲折委婉、耐人寻味。兴中往往具有比的意味，所以比兴往往被作为一个概念来使用。如《诗经·卫风》中《氓》的第三节以"桑之未落，其叶沃若"起兴，比喻女子的年轻貌美并象征男女之间的浓情蜜意。

（四）复合偏义

复合偏义是指两个意义相反、相对或相关的词在一起，但其中只有一个词起表义作用，另一个只是陪衬。如"昼夜勤作息，伶俜萦苦辛"中的"作息"，只有"作"的意思，"息"不表示，因为如果翻译成昼夜休息又很辛苦，意思是不通的。

（五）互文见义

互文见义是把一个意思比较复杂的句子，分成两三个形式相同、用词交错的语句，使句子的意义及内容彼此隐含、渗透、呼应、补充。例如：战城南，死郭北，野死不葬乌可食。前两句互文，"战"与"死"互补，"城南"与"郭北"互补，即"战于城南郭北，死于城南郭北"。又如：主人下马客在船，举酒欲饮无管弦。前一句用的也是互文，即"主人和客下马，主人和客上船"。

第二节 文言文的阅读理解与古诗词的鉴赏

一、文言文的阅读理解

（一）理解字词在文中的含义

翻译可分直译和意译。直译，是将原文中的每一字句落实到译文中。意译，是根据原文表达的基本意思翻译，不拘泥于一字一句的落实。无论是直译还是意译，都需要对文中关键的字词以及特殊句式的正确理解。

不管是实词还是虚词，首先要搞清楚其基本义和词性。

对于不太熟悉的文言实词，可以根据汉字的造字法去把握或推测其基本义，这是一种准确又直观的办法。象形字最能反映本义。形声字的意符虽不等于本义，但与基本义有密切关系。如"秦惠王车裂商君以徇"中的"徇"字是形声字，左形右声，而形旁"彳"又与"行走"有关，由此可以推测，"徇"在这里是游街示众的意思。

而判断词性则必须结合具体的语句环境，遵从汉语的语法规律。记住现代汉语中"主谓宾定状补"的基本语法规范，弄懂各类词的语法功能，了解它们各自在句子中充当的成分，然后套用在文言文的具体语句中，问题一般能迎刃而解。如"其徒数十人，皆衣褐"中的"衣"处在谓语的位置，后接宾语"褐"，因此，应做动词用，可译为"穿"。

文言虚词也是如此。如"吾欲之南海"中，"之"处在谓语的位置上，后接宾语"南"，因此它是动词。而"郑商人玄高将市于周，遇之"中"之"处在宾语的位置上，前面有谓语动词"遇"，因此，它是代词（在文言文中，代词是属于虚词的）。

（二）理解句子在文中的含义

正确把握句子在文中的意思，关键要注意以下几个方面：

（1）准确理解常见文言实词和虚词的意义及用法，从文章整体及具体语境两个方面，弄懂实词、虚词的意义，了解文言文与现代汉语不同的句式。在弄懂字词的前提下，了解句式的一些特点也很关键。

（2）弄懂复句中各个分句之间的语义关系。

（3）抓住关键语句，把握中心句，弄懂蕴含丰富的语句的表层与深层含义。

（4）注意句子的比较分析，注意句与句之间的内在联系，分析其意义上的差别。

（三）分析概括作者的观点和态度

充分利用文章题目、文中或文后注释、文章出处、作者情况等信息，结合有关知识做综合分析，从而扩展视野，理解文章。文章的思想倾向，主要通过作者对文中所述事件的认识、所写人物的态度、所论道理的判断及主旨寓意的评价来表现。

例文：

孙膑传

膑生阿、鄄之间，孙武之后世子孙也。孙膑尝与庞涓俱学兵法。庞涓既事魏，得为惠王将军，而自以为能不及孙膑，乃阴使召孙膑。膑至，庞涓恐其贤于己，疾之，则以法刑断其两足而黥之，欲隐勿见。齐使者如梁，孙膑以刑徒阴见，齐使以为奇，窃载与之齐。齐将田忌善而客待之。

后十三岁，魏与赵攻韩，韩告急于齐。齐使田忌将而往，直走大梁。魏将庞涓闻之，去韩而归，齐军既已过而西矣。孙子谓田忌曰："彼三晋之兵，素悍勇而轻齐，齐号为怯，善战者因其势而利导之。兵法，百里而趣利者蹶上将，五十里而趣利者军半至。使齐军入魏地为十万灶，明日为五万灶，又明日为三万灶。"庞涓行三日，大喜，曰："我固知齐军怯，入吾地三日，士卒亡者过半矣。"乃弃其步军，与其轻锐倍日并行逐之。

孙子度其行，暮当至马陵。马陵道陕，而旁多阻隘，可伏兵，乃斫大树白而书之曰"庞涓死于此树之下"。于是令齐军善射者万弩，夹道而伏，期曰"暮见火举而俱发"。庞涓果夜至斫木下，见白书，乃钻火烛之。读其书未毕，齐军万弩俱发，魏军大乱相失。庞涓自知智穷兵败，乃自刭，曰："遂成竖子之名！"齐因乘胜尽破其军，虏魏太子申以归。孙膑以此名显天下，世传其兵法。太史公曰："世俗所称师旅，皆道孙子十三篇，吴起兵法，世多有，故弗论，论其行事所施舍者。语曰：'能行之者未必能言，能言之者未必能行。'孙子筹策庞涓明矣，然不能蚤救患于被刑。……悲夫！"

（选自《史记·孙子吴起列传》）

先弄懂文中容易弄错的词句。如"魏将庞涓闻之，去韩而归"中的"去"，为"离开"之意，而非现代汉语中的"去""到"。"百里而趣利者蹶上将"中的"蹶"，是"受挫折，折损"的意思。"期曰'暮见火举而俱发'"中的"期"，意为"约定"而非"希望"。"见白书，乃钻火烛之"中的"烛"，是名词用作动词，意为"照亮"。

然后理解文中关键的句子。如"令齐军善射者万弩，夹道而伏"和"善战者因其势而利导之""五十里而趣利者军半至"等，分别表明了孙膑"能行"和"能言"的主要特点。

再把握全文。本节通过马陵道智斗庞涓的故事，充分表现了孙膑过人的智谋和卓越的战略战术思想。马陵之战可以说是一场心理战争，孙膑紧紧抓住魏军凶悍勇猛、瞧不起被认为是胆小怯弱的齐兵的心理，精心策划，巧设埋伏，用减灶的计策诱敌深入，大破魏军，终于计胜庞涓。由此，我们可以知道孙膑精通兵法，善于扬长避短、因势利导，指挥作战常常智胜敌手，深得齐将田忌的重用。

文末"太史公曰"一段话，其实是作者的态度和评价。司马迁以史学家的眼光，阐述"能行"和"能言"的关系，评论孙膑智慧和胆识过人，却难以避免自己的不幸，对孙膑的遭遇寄予深切同情，从而启示后人：才智过人者固然可取，但学会保护自己有时更加重要。

二、古诗词的欣赏

按照诗歌表现内容的不同，古典诗歌大致可以分为山水田园诗、咏物诗、边塞诗、咏史诗和咏怀诗等五类。

山水诗的特点是"一切景语皆情语"，即作者笔下的自然景物都融入了作者的主观情愫，或者借景抒情，或者情景交融。

咏物诗的特点在于托物言志。古人很喜欢咏物。大自然的万物，大至山川河流，小至花鸟虫鱼，都可以成为诗人描摹的对象，都可以寄托诗人的感情。

边塞诗是表现军旅生活的诗作，往往表达作者对战争的厌恶，对和平的向往，对家乡的思念等。

咏史诗多以简洁的文字、精选的意象，融合作者对自然、社会、历史的感触，或喟叹朝代兴亡的变化，或感慨岁月倏忽变幻，或讽刺当政者的荒淫无耻，从而表现作者阅尽沧桑之后的沉思，蕴含了深沉的伤今怀古的忧患意识。

咏怀诗的特点就是即事抒怀。作者往往因一事有感，发而成诗，即为抒怀。

"诗以言志"，尽管诗歌的内容可以涉及思亲、送友、怀乡、赠人、战争、写景、状物等多种题材，但最终都是为了抒发感情。在赏析时，要注意以下几个方面。

（一）把握作品意象特征

古诗意象往往寓繁于简、寓万于一，以高度浓缩的艺术形象诱发想象，产生奇特的审美效果。鉴赏作品时，不仅要着眼于它们所描写的客观物象，还应透过它们的外表，看到其中注入的意蕴和感情，注意主客观两方面融合的程度。

例文：

春夜洛城闻笛

李白

谁家玉笛暗飞声，散入春风满洛城。此夜曲中闻折柳，何人不起故园情？

理解此诗，关键在于理解"柳"的意象。古诗中的"柳"有特殊的含义。"柳"和"留"谐音，因此古人有折柳送行的习俗。这就很容易引申到"柳—留—惜别—依依不舍"的层面上来。于是诗中"折柳"一词所寓含的"惜别怀远"之意，就比较容易理解了。

（二）体味诗歌情、景、事交融的意境

通过描写景物来抒发感情，是中国古典诗词的一大特色。情景交融的手法有融情入景、借景抒情、寓情于景等等。要把握景的形象性，诗歌往往用比喻、夸张、景物烘托、气氛渲染等艺术手法来体现神韵。

如李白的《黄鹤楼送孟浩然之广陵》：故人西辞黄鹤楼，烟花三月下扬州。孤帆远影碧空尽，唯见长江天际流。这是一首融情入景、景中含情的诗。烟花含愁，孤帆载憾，天际碧水带走诗人的无尽思念。诗人的惜别之情，从每一幅画面中渗透出来。

（三）领会诗人表现的情感

诗歌往往表达作者寄托的感情，透过所写的景、物、事，流露出作者的人生态度、美好的理想和生活的哲理。要分析感情寄托的问题，就要推敲作品中蕴含的不同的思想感情，就需要我们了解作者的身世和诗歌创作的时代背景，即"知人论世"，这样才可能准确地领会诗人真实的情感。同时，还要注意作者的逻辑思维过程。诗人经过对材料的选择、取舍、概括，最后才构成艺术形象。因此，分析诗中词句之间的逻辑关系，也能很好地体会到诗人的情感。如张继的《枫桥夜泊》：月落乌啼霜满天，江枫渔火对愁眠。姑苏城外寒山寺，夜半钟声到客船。全诗紧紧围绕着"夜泊枫桥"这一特定的环境，描写景物，抒发感情。当时诗人夜泊枫桥，不能成眠，看到各种景物，听到各种声音。暮秋季节凄凉、冷落的夜景，勾起诗人漂泊、孤愁的羁旅情怀。

（四）留意作者的观察视点和角度，分析作者写作的方法和技巧

由于不同的时代、不同的内容、不同的生活遭际、不同的人生观、不同的艺术素养和艺术风格，诗人可能从不同角度去反映各种题材，甚至同一题材。我们要仔细体味其思想上、内容上的细微差别。

如抒情的表现手法，可分直接抒情和间接抒情，前者有直抒胸臆和即事抒怀两种，后者包括借景抒情、寓情于景、托物言志等。描写手法有虚实相生、动静结合、明暗对比、以小见大、怀古惜今、粗笔勾勒和细部描绘相结合等。具体用什么写法，是由主题的需要决定的。我们要在对具体篇章的分析中仔细体味，并从中领悟作品的基本风格。

（五）感受修辞手法的艺术效果

在古典诗词中，修辞手法的运用是相当普遍的。一般而言，在整体构思上经常用到拟人、比喻、双关、象征、比兴、借代、夸张、设问、反问、排比等修辞手法。我们要根据它们各自的特征和功能，理解并领会诗歌。

在欣赏古典诗词时，尤其需要注意作品中"典故"的运用。用典，是古诗词中常用的一种表现方法，在增强作品意蕴的同时，也给我们的阅读造成了一定的障碍。要是不能正确理解其中典故的含义，就会直接影响对整个作品的鉴赏。所以，必须对作品中的"典故"有个初步的理解，透过典故的本义，进而理解其在诗中所蕴含的意义。用典有明用的，也有暗用的，有正面用的，也有反其意而用的，在分析时要留意。

例文：

如梦令

李清照

昨夜雨疏风骤，浓睡不消残酒。试问卷帘人，却道海棠依旧。知否？知否？应是绿肥红瘦。

赏析：诗中的"不消"，表面是指酒意未消，但从全词立意看，实际的深层含义是指消不尽的伤感和烦闷情绪。"绿肥红瘦"中，"绿""红""肥""瘦"用的都是借代的修辞手法，"绿"和"红"分别指代叶和花，"肥"和"瘦"分别形容叶的茂盛和花的凋零，这体现出作者炼字的新奇。词作从一般叙述转入一问一答，然后是设问和慨叹，层层拓展深入。词虽简短，却兼具叙事过程和抒情层次，用寓情于事、融情于景的表现手法，在与侍女的一问一答之间，委婉含蓄地流露出惜春的情愫。

例文：

出塞

王昌龄

秦时明月汉时关，万里长征人未还。但使龙城飞将在，不教胡马度阴山。

赏析：首句运用互文见义的写法，写出诗人由眼前的"明月"和"关"，联想到秦汉两代我军曾经有效地抵御匈奴的入侵。第二句写外族入侵，战士们因抵御外侮而长期不能归还。三、四句借用飞将军李广英勇杀敌、力保边疆的典故，委婉地批评了当时领兵远征的主将。整首诗情绪悲壮而不凄凉，明畅而不浅露，慷慨而又含蓄，体现了王昌龄七言绝句所特有的风格。

第三节　现代文的阅读与理解

一、理解词语在文中的含义，把握文中关键的语句

现代文阅读中，所谓"重要句子"，一般包括提示文章中心、主旨、观点和情感的语句，在结构层次上有重要作用的语句，内涵丰富的语句，结构复杂的语句等。阅读过程中首先要对文章结构进行梳理，把语段或篇章的内容有条理地分列成若干要点，把握文章的主要内容及结构，把对"重要句子"的理解与文章的主旨结合起来。注意体味句子，不要将已然当未然、将部分当整体、将一般当特殊、将相对当绝对。注意选用精练而准确的语言，对句子和文章进行概括；对于句子的比喻义、象征义、指代义、反语义等隐含意思，则必须结合具体的文章内容，从上下文的语境中去概括，切忌望文生义或断章取义。

一般可以从句子的结构、关键词、修辞特点、标点符号、表达手段、表达效果、文段内容等方面进行分析。具体做法如下。

（一）结构的分析

通过句子的语法结构来分析复杂的语句，分清句子的主干，明确陈述的对象，理解其修饰、限制的成分。划分句子的主、谓、宾、定、状、补，拆分句子的内容成分，将句子分成不同层次，化复杂为简明。

先找出句子的中心，确定主、谓、宾；然后确定提取状语，注意每一个状语的位置；再确认提取定语，注意定语的排列次序，句子所强调的往往是靠近中心词的部分。

分解长句一般采用由内向外或由外向内的办法。同时，对于复句还要注意明确其句子间的关系，要善于借助句群关系来理解句子所表达的中心或重点。

定、状、补这些修饰限制成分，往往暗含或揭示句子的内涵。所以对这些成分的理解是很重要的。关键应注意指代词、关联词、副词、否定词等的确切含义。

常用的指代词如"这""那""这些""那些""它""它们""此"等，作者为了行文简洁，常用这些代词替代文中的各种信息、观点、例证等。依据语境选取最接近代词的句子或内容，确认每一个代词的含义，并弄清不同代词之间的关系，如并列、交叉、包容等，才能正确认定文章的说明对象和说明观点。指代多半是承前指代，如果把指代的内容代入原文，可以读通的一般是所代的内容；有时指代的内容比较多，

代入原文都可以读通，甚至能够理解通顺，就应该考虑最接近代词的内容，还可以与本段小论点对照，选择最接近论点的内容。如果指代内容含有修辞手法，就须推知修辞的具体含义。

常见的关联词有表示递进、并列、假设、条件、因果、转折等关系的几大类。阅读时，要学会"顺藤摸瓜"：看到"首先"，要想到"其次"；看到"多项条件"，要找到"唯一条件"；看到"所以"，要寻找原因；等等。

对"已经""将来""或许""可能""设想"等副词，要弄清前后顺序关系，分清既成事实或未成事实，弄清词语的内涵和外延。

常用来表否定意义的词，有"不""非""没有""否决""推翻""拒绝""无条件""严禁""取消"等。其中，要注意，双重否定表示肯定的意思。

如果一句话中否定词超过三个，先取出两个否定变为肯定，再理解全句的意思。还要弄清一些表示否定词语的确切含义，如"绝对"等于"无任何条件的、不受限制的"，"无条件"是"无要求限制"的意思。

有时，一句话表述内容相反的两个部分。常用词语有"反之""否则""相反""降低""缩小""截然相反""不同于"等。首先要理解表示相反词语的具体意义，具体到一句话要仔细分辨词语的细微差别。如果两句话表达的内容不同，要把原句仿写下来，然后对照主、谓、宾的区别，如"满月的时候地球两极的气温有所升高，但中纬度地区情况截然相反"一句中，理解"截然相反"可仿写"满月的时候中纬度地区气温有所降低"。

例：有这样一种假说：冬眠是一种高度发达的机能。冬眠的哺乳动物虽然与人类一样都是温血动物，但是它们在更宽范围的调节性上获得了进化，例如，在体温调节上，就要比非冬眠动物强。

分析：这一自然段中，"假说"后面有两句话，第一句中"机能"的定语是"高度发达"，而后面的长句也正是说明为什么"高度发达"。由此来看，在物种进化的过程中，某些哺乳动物在调节性上获得了进化，从而具备了冬眠的功能。在后一句中，作者所表达的重点应该在转折连词"但是"后面的部分，强调冬眠的哺乳动物体温调节机制要比非冬眠动物强。人类当然属于非冬眠动物。言下之意，冬眠的哺乳动物比起人类来，具有更强的体温调节机制。这样一分析，句子就容易理解了。而从句子的语法结构分析，更有助于对句子的理解。要注意"在体温调节上，就要比非冬眠动物强"的主语，是前面的"冬眠的哺乳动物"。也就是说，哺乳动物不论冬眠的还是非冬眠的，都能够调节体温，只不过有强有弱。换个角度来讲，冬眠的哺乳动物和非冬眠的哺乳动物之间的区别，并不在于体温是否可以调节。如此，句子的意思就明晰了。

（二）内容的联系

重要的句子往往在文章中或语段中起关键作用，因此，在注意它本身的结构（特别是修饰、限制成分）的同时，还必须考虑它在文章中所处的地位。如果说句子在文章、语段中起着总结的作用，那么理解、解释它时就必须从它所领起的那些内容去看、去分析；如果是起过渡、承上启下的作用，那就要注意审视上下文的意思；如果是起小结的作用，那么理解、解释时就必须联系上文，找出相关的信息。总之，要抓住句子的"管辖"范围，在句子的"辖区"内寻找答案。

有些重要句子，要抓住它所在的语段进行分析，重点是看与这个句子相邻的上下句，因为这些句子中往往隐含着一些信息。有的还必须结合中心思想来理解句意。中心思想渗透在文章的各个部分，任何一个关键句子都与这个中心思想有着这样或那样的联系，这就要与文章中心和内容相结合。

例：说到成功，人们有一个错误的观念：成功只等于成名。有人认为，只有扭转乾坤的壮举才算是成功的举动；有人认为，只有领袖、名人、称得上"家"的人，才算是成功者；有人则干脆断言，世界上没有一个成功者，因为人生的最终结局是悲剧——后人肯定会超越前人。这实在是一种可怕的自卑。

分析：文章第一句话是总起。第二句是对第一句的分说，是第一句的管辖区，这里提到的三种人都是有"成功只等于成名"这一错误观念的。第三句是对第一句的承接。如此，就不难理解文章的意思："成功只等于成名"是一种错误的观念，是一种可怕的自卑。

（三）背景的参照

有的句子还要结合社会背景、写作背景、作者经历或遭遇来理解。社会背景往往与作品反映的内容、作者的写作目的有密切的关系。所以绝不能忽视文中任何一个细小的字句，包括正副标题、文前按语、文章的作者、写作时间和文后注释等。

例：茨威格的文章《世间最美的坟墓——记 1928 年的一次俄国旅行》[注：列夫·托尔斯泰（1828—1910）是 19 世纪至 20 世纪初叶俄国最伟大的文学家，也是世界文学史上最杰出的作家之一。]

分析：通过标题中"坟墓"两字可以知道，文章的主要内容是写已经去世的人。文章第一句话就提到了主人公——托尔斯泰，文末注释提到他的生平，而其中"1828"与副标题中的"1928"又有着微妙的关系。我们就大致可以猜出，这是一篇纪念俄国文学家列夫·托尔斯泰百年诞辰的文章，从而也就很容易理解文中那句"在这个特殊的日子里"的意思了。

（四）表达方式分析

了解叙述、描写、说明、议论和抒情等五种表达手法的基本特点和运用效果，能帮助我们更好地理解文章。在不同的文章中，各种表达手法的作用是不同的。

比如说明文和议论文中都运用概念、判断、推理，但议论文以此来表明自己的看法和主张，而说明文是用来解说或阐释对象的性质与特征的。议论文是晓人以理，说明文是喻人以知。说明文中运用形象性的语言或各类修辞手法，目的不是在于抒发感情或塑造形象，而是在于帮助读者认识说明对象的本质、特征等。议论文中的议论是文章的主要表现手法，具有完整而严密的议论过程。

记叙文中也有议论，这种议论作为辅助的表现手法，只是局部的片言只语式的，而不是一个完整的议论过程，往往带有形象性，感情色彩较浓。这种议论，建立在叙述的基础上，有先叙后议、先议后叙或夹叙夹议三种，往往是文章的闪光部分，起着充实内容、深化主题的画龙点睛作用。

（五）修辞手法

在分析含有修辞格的语句时，要准确理解其比喻的相似性、借代的相关性、反语的讽刺性等。因此，掌握常用的表现手法和修辞手法，明确它们的修辞作用，对理解和鉴赏文章很有帮助。

（1）比喻。比喻的作用就是使深奥的道理浅显化、抽象的道理形象化、陌生的东西熟悉化，以增强文章的趣味性、生动性。贴切的比喻，本体与喻体之间必然有相似点。这种相似点越明显、越突出，比喻就越贴切。找出这种相似点，就能领会本体与喻体之间的一致性和比喻的合理性。

（2）拟人。拟人可以赋予无生命、无思想情感的东西以人的情感、思想、动作。很多抒情散文就是这样来安排的，往往用第二人称来写，以方便抒发感情，使文章显得亲切自然。说明文也常用此法来描述对象的特征。如高士其的《我们肚子里的食客》，除了将细菌比喻成食客外，还将细菌人格化，让它们具有人的外貌、表情、动作和性格，给人以深刻的印象。

（3）反衬。文章中将两种有主次之分的事物或人相对照、比较，在对比中，反衬出主要对象的特征。

（4）对比。对比越鲜明，感情倾向就越明显，就越能突出作者的感情。如邓小平的《建设有中国特色的社会主义》一文中，在论证坚持改革开放的论点时，用了对比法，以三十年来的反面教训，即闭关自守搞建设是发展不起来的，与正面论证相对比，从而证明改革开放非搞不可。

（5）反复。反复的作用就是突出强调思想感情，升华主题。

（6）排比。排比的主要作用在于：抒发强烈奔放的感情，加强语言的气势，突出表达的重心，增强文章感染力。用排比说理，可以把论点阐述得严密透彻；用排比抒情，可以把感情抒发得淋漓尽致；用排比叙事，可以把事情叙述得井然有序；用排比写人，可以把人物刻画得细致深刻。

（7）象征。象征是文艺创作的一种表现手法，往往是意在言外，用具体的事物表现某种特殊意义，或通过某一特定的具体的形象，以表现与之相似或相近的概念、思想和感情。如史铁生的《我与地坛》，落笔地坛，却实写母爱。二者表面似不相干，但对作者而言，地坛和母亲都是抚平创伤、汲取安慰、焕发新生的源泉。

（六）逻辑常识

借助逻辑常识，可以准确掌握文中的重要概念与基本内容。了解逻辑概念的内涵和外延，弄清概念的限制和概括；概念要明确，不能随意扩大、缩小或偷换；弄清概念之间的逻辑关系，有同一关系、属种关系、交叉关系、矛盾关系和对立关系等五种。

（七）标点符号

标点符号作为文章的有机组成部分，使用时也是根据表达的需要而选择的。适当关注标点符号，对阅读理解也有一定帮助。如冒号往往提示有总分关系，或提起下文的分说，或引出解释说明，或总结上文。引号除表示引用外，还可以表示强调或特别指出。分号、顿号往往表示并列关系。感叹号表示语气强烈。括号往往是解释性的。破折号除了表示解释外，还可以表示话题的转换。

二、辨析、筛选文中重要的信息与材料

（一）重要信息

阅读文章时，先看题目涉及文中哪些段落或区域，以确定对应的语句。然后，抓住重要的、有效的信息，不要遗漏，分析这一段里每一句话的意思。透过现象，深入本质，分析这些信息有什么异同、有什么关系。再仔细理清段落之间的关系，了解行文思路。最后，将这些信息加以筛选、整理、加工。

（二）方法

读文章时，应从头到尾仔细阅读，争取完全读懂。在读的过程中，如果有个别语句不能够读懂，一般往下看到一个语义陈述完时，就应该停止，再回到原来不懂的地方。

结合此处的前后语句，读懂后继续读下去。这样反复，直到读完全文。

考试时，要一字一句地仔细阅读题干和选项，找出考查的信息和设置题目的角度。然后结合题干提供的信息，有重点地阅读文中关键部分，并划出与选项有关的信息。

把选项和与选项有关的信息结合起来，仔细比较。每个题目中设置的干扰项，都是可以从原文中找出依据并予以排除的。因此，必须找准原文的关键词句细心对照。

三、划分文中的结构层次，把握各层次的内在联系

层次的划分有利于理清文章各部分内容之间的相互关系，从宏观层面上居高临下地驾驭文章，领会文章的主旨与内涵。

（一）全文的结构层次

不同的文体会有不同的结构方式，这就需要辨别文章的体式。议论文主要应抓住论证层次，即主题句、中心论点、分论点、层次安排、论据和论证方法的使用。记叙文则主要应抓住叙述线索。线索是串起文章全部材料、推进内容发展的"筋络"，往往一串到底，既可以是"人""时间"，也可以是"事件"或"题眼"。说明文要抓住说明的顺序，即文章是用时间、空间、逻辑、总分或并列中的哪一种方式来安排的。如叶圣陶的《苏州园林》，就是采用先总说、后分述的方式架构全文的，先点出苏州园林的地位和影响，然后概述其总体特点，再从几个方面对这一总体特点进行生动具体的解说。

（二）段落、自然段、语句内部的结构层次

根据需要逐级分层，往往按内容和逻辑常规来分析层次，可以根据概括出的意思，或者根据相关的副词和连词来判断。

例：义理和考据，是属于文章内容方面的问题。讲究义理就是要求观点正确，论据充分。讲究考据就是要求材料准确。辞章是属于文章形式方面的问题。讲究辞章就是要求适合于内容的完美的形式。义理、考据和辞章虽然是在三个不同方面的要求，但是这三个方面是密切地相互关联着的。文章最后的这个转折句，是一个承上启下的句子。前半句应该是对前面的总结，讲义理、考据和辞章之间的不同点；后半句可以引出下文，讲三者之间的关联点。所以，前面五句都应该是分说。这五句又可以分为并列的两部分，前三句为一部分。这一部分又可以分为总分关系的两部分，第一句为总说，后两句为分说。其中分说的部分还可以分成并列的两个部分。这样层层分析，就很容易理解文章的思路和含义了。

四、分析与概括文章的思想内容

分析和概括阅读材料时，不仅要知道并理解作者说出的话，还要知道并理解作者没有说出的话。根据文章内容或信息进行推断，推断出材料中没有直接给出的结论，推断出作者在文章中暗示的事物发展趋向以及作者对某些观点或现象的个人看法，或对某些事物的评价态度。

（1）全面理解文章整体内容，准确提炼基本信息。首先应在整体阅读的前提下，把握全文的基本思想倾向、观点态度，筛选出文中的有关重要信息，注意不同观点之间的区别及作者对它们的评论或看法。读通全文，才能总体把握全文的主要内容。只有这样，才不会犯断章取义、以偏概全的错误。

（2）抓住文章中的隐含信息。挖掘有关材料或信息中的隐含信息，是阅读理解的一个难点，也是一个重点。对某些没有明确或现成说法的问题，要仔细思考，弄清作者暗示的事件发展趋向，试着变换角度来理解文章提及的问题。在分析总结文章时，不能仅用某一方面的材料、观点，而要全面考察，包括时间、地点等因素的变换。

（3）注意关键的语言环节。语言形式的提示作用，对理解文章也很有帮助，因此，对它应予以密切关注。抓住某些关键词语，也就可能找到打开思路的钥匙，如表示时间、次序、趋向、主次、判断、类比、总结、概括等关系的词语，表示因果、转折、条件等关系的句式。

（4）掌握必要的推断方法。这主要指一般的逻辑推理方法，如分析、综合、归纳、演绎等。

例文：

乡土情结

柯灵

每个人的心里，都有一方魂牵梦萦的土地。得意时想到它，失意时想到它。逢年逢节，触景生情，随时随地想到它。辽阔的空间，悠邈的时间，都不会使这种感情褪色：这就是乡土情结。

人生旅途崎岖修远，起点站是童年。人第一眼看见的世界，就是生我育我的乡土。他从母亲的怀抱，父亲的眼神，亲族的逗弄中开始体会爱。乡土的一山一水，一草一木，都溶化为童年生活的血肉，不可分割。而且可能祖祖辈辈都植根在这片土地上，有一部悲欢离合的家史。在听祖母讲故事的同时，就种在小小的心坎里。邻里乡亲，早晚在街头巷尾、桥上井边、田塍篱角相见，音容笑貌，闭眼塞耳也彼此了然，横竖呼吸着同一的空气，濡染着同一的风习，千丝万缕沾着边。一个人为自己的一生定音定调定向定位，要经过千磨百折的摸索，前途充满未知数，但童年的烙印，却像春蚕作茧，紧紧地包着自己，又像文身的花纹，一辈子附在身上。

"金窝银窝，不如家里的草窝。"但人是不安分的动物，多少人仗着年少气盛，横一横心，咬一咬牙，扬一扬手，向恋恋不舍的家乡告别，万里投荒，去寻找理想，追求荣誉，开创事业，富有浪漫气息。有的只是一首朦胧诗——为了闯世界。多数却完全是沉重的现实主义格调：许多稚弱的童男童女，为了维持最低限度的生存要求，被父母含着眼泪打发出门，去串演各种悲剧。人一离开乡土，就成了失根的兰花，逐浪的浮萍，飞舞的秋蓬，因风四散的蒲公英，但乡土的梦，却永远追随着他们。浪荡乾坤的结果，多数是少年子弟江湖老，黄金、美人、虚名、实惠，都成了竹篮打水一场空。

安土重迁是中华民族的传统。鸟恋旧林，鱼思故渊；树高千丈，落叶归根。但百余年来，许多人依然不得不离乡别井，乃至漂洋过海，谋生异域。有清一代，出国的华工不下一千万，足迹遍于世界。美国南北战争以后，黑奴解放了，我们这些黄皮肤的同胞，恰恰以刻苦、耐劳、廉价的特质，成了奴隶劳动的后续部队，他们当然做梦也没有想到什么叫人权。为了改变祖国的命运，孙中山领导的革命运动发轫于美国檀香山，第一代中国共产党人，很多曾在法国勤工俭学。改革开放后掀起的出国潮，汹涌澎湃，方兴未艾。还有一种颇似难料而其实易解的矛盾现象：鸦片战争期间被割弃的香港，经过一百五十年的沧桑世变，终于回到祖国的怀抱，这是何等的盛事！而一些生于斯、食于斯、惨淡经营于斯的香港人，却宁愿抛弃家业，纷纷作移民计。这一代又一代炎黄子孙浮海远游的潮流，各有其截然不同的背景、色彩和内涵，不可一概而论，却都是时代浮沉的侧影，历史浩荡前进中飞溅的浪花。民族向心力的凝聚，并不取决于地理距离的远近。我们第一代的华侨，含辛茹苦，寄籍外洋，生儿育女，却世代翘首神州，不忘桑梓之情，当祖国需要的时候，他们都做了慷慨的奉献。香港蕞尔一岛，从普通居民到各业之王、绅士爵士、翰苑名流，对大陆踊跃捐助，表示休戚相关、风雨同舟的情谊，是近在眼前的动人事例。

"美不美，故乡水，亲不亲，故乡人。"此中情味，离故土越远，就体会越深。科学进步使天涯比邻，东西文化的融会交流使心灵相通，地球会变得越来越小。但乡土之恋不会因此消失。

分析：

本节以乡土情结为叙述线索，可分为三个部分。先总述乡土情结，为第一自然段，以不会褪色的乡土情结开篇，开门见山；后以乡土情结的形成和表现为主线，就时间、空间和时空三个层次，脉络清晰地阐释乡土情结，为第二、三、四自然段；最后，以不会消失的乡土之恋结篇，议论抒情，赞美乡土情结，首尾呼应，为第五自然段。这样，文章的眉目就基本清楚了。

  文中的描述是充分艺术化和形象化的。比喻句"失根的兰花，逐浪的浮萍，飞舞的秋蓬，因风四散的蒲公英"，生动形象地写出了远离乡土的游子们孤苦无助的境遇。乡土情结的形成过程中，乡土给人们打下的"童年的烙印"也是艺术化的。通过对文章的提炼和概括，我们就可以领会，这"烙印"来自父母亲族的爱、家乡的山水草木、悲欢离合的家史和邻里的乡情等，这"童年的烙印"在人们乡土情结的形成中的作用是不可忽视的。

第五章 汉语言文学文化传播

第一节 中国古代文学史常识

一、中国古代文学史概述

中华民族是世界上最古老的民族之一，我们的祖先创造了灿烂的文化，而文学遗产正是其中最光辉的部分之一。

中国古代文学，指从上古到1919年五四运动这一阶段的文学历程，它从上古神话、《诗经》开始，一直到近代的小说、戏曲，三千年来源远流长、品类繁多。其发展进程可作如下简略叙述：

（1）先秦文学：从上古到秦统一六国前，是我国文学的孕育和发生期。这一阶段的文学，以口头流传的上古歌谣和神话传说为起点。至春秋时期，产生了我国第一部诗歌总集《诗经》和最早的一部历史文献汇编《尚书》。春秋后期至战国时代，散文创作兴盛，形成了历史散文和诸子哲理散文两大创作高峰。战国后期，在南方楚地风俗和楚地歌谣的文化土壤上，产生了以屈原《离骚》为代表的《楚辞》。《诗经》和《楚辞》在文学史上并称"风骚"或"诗骚"。

（2）秦汉文学：秦代历史短暂，除秦统一六国之前的《吕氏春秋》和李斯的《谏逐客书》外，文学上并无建树。

秦汉文学主要是两汉文学。赋是汉代文学的重要形式，这种文体是在诗、骚的基础上发展起来的。在汉代的四百余年间产生了很多赋家，以贾谊、枚乘、司马相如、扬雄、班固、张衡等为代表。代表两汉史著最高成就的，是司马迁的《史记》和班固的《汉书》，两书齐名，世称"史汉"。汉代诗歌根据作者的不同，可以分为乐府民歌和文人五言诗两类。东汉末年的《古诗十九首》是文人五言诗成熟的标志。

（3）魏晋南北朝文学：从汉末大乱到隋代统一，魏晋南北朝历时约四百年，由于现实的动荡，这是思想史上一个活跃多元的时期。文学逐渐成为个人抒怀的行为，摆脱了经学附庸的地位，因而，学术界习惯把从建安开始的这个时期，称为"文学的自觉"时期。

就诗歌而言，建安诗坛的"三曹"和"建安七子"成就了为后世所称道的"建安风骨"。两晋出现了重在哲理思索的玄言诗，之后是山水田园诗，而后诗歌又从咏物走向宫体，诞生了陶渊明、谢灵运、鲍照等一批杰出诗人。四声的发现和永明体的出现，为此后律诗的发展奠定了基础。

就散文而言，出现了我国独有的文学样式——骈体文，散文的各种文体至此已经发展得相当完备。由于文学创作的繁荣，文艺理论批评也得到很大的发展，以《文心雕龙》和《诗品》这两部文学理论巨著为代表。

（4）唐宋文学：唐宋是我国古代文化空前繁荣的时代，也是文学的鼎盛时期，素有"盛唐隆宋"之称。文坛百花齐放，诗、词、散文以及小说都取得巨大成就。

唐代是我国诗歌的黄金时代，唐诗一般分初、盛、中、晚四个时期。"初唐四杰"开唐诗一代风气；盛唐不仅有山水田园诗派和边塞诗派争相辉映，更有李白、杜甫两大诗人问鼎诗坛；中唐诗人寻找异于盛唐的诗美，韩愈、孟郊与元稹、白居易开创了不同的诗歌流派；晚唐诗人首推李商隐和杜牧。散文方面最可称道的是韩愈、柳宗元倡导的古文运动。唐代文学中的奇葩还有唐传奇、变文和词。唐传奇在志怪、志人小说的基础上发展而来，是我国小说走向成熟的标志。

词是宋代对中国文学的标志性贡献。宋词流派纷呈、风格迥异，产生了柳永、苏东坡、秦观、周邦彦、李清照、辛弃疾等众多大词人，成就了唐诗宋词两相媲美的辉煌。散文方面则有著名的"唐宋八大家"，此外，《岳阳楼记》作者范仲淹、《资治通鉴》主编司马光以及理学家程颢、朱熹等亦为散文名家。宋代小说出现了一种新的体裁——话本，即"说话"艺人讲故事的底本，从此，白话小说成为中国小说的主流。

（5）元明清文学：元明清时期，文学发展的一个重要特征是，传统诗文的衰微和小说、戏曲等俗文学的昌盛。

正所谓"唐之诗、宋之词、元之曲，皆所谓一代之文学"。元曲，即元杂剧和散曲的合称，为元代文学的标志。关汉卿是元杂剧的奠基人和最重要的作家。此外，王实甫、白朴、马致远也是重要的杂剧和散曲作家。元代戏剧除杂剧外，在南方还有唱南曲的戏文，即"南戏"，以高明《琵琶记》最为著名。

明代文学的最高成就是小说和戏剧，其次是晚明以公安派为代表的小品文。《三国演义》《水浒传》为我国长篇小说的创作开启新纪元，明中叶以后又出现了神魔小说《西游记》和世情小说《金瓶梅》，这四部小说一起被誉为明代"四大奇书"。小说创作的另一成就，是文人拟话本中短篇"拟话本"的大量出现和编刊发行，以冯梦龙的"三言"和凌濛初的"二拍"为代表。明代戏剧的主流是从南戏发展起来的传奇，汤显祖是明代最杰出的戏剧家。

清代文坛同样以小说为盟主，《聊斋志异》被誉为中国"短篇小说之王"，《儒林外史》是讽刺文学的巨著，《红楼梦》则代表了我国古典小说的最高成就。清代戏剧以洪昇《长生殿》和孔尚任《桃花扇》两部传奇为代表作。李渔的《闲情偶记》是清代著名的戏剧理论著作。

（6）近代文学：1840年鸦片战争至1919年五四运动的近代文学，在实质上是古代文学向现代文学演进的一种带过渡性质的文学。"诗界革命""小说界革命"相继提出，各种报刊大量出现，小说的地位空前提高。这一时期的文学，无论是内容上还是样式上，都新旧并存。重要作家有龚自珍、黄遵宪和梁启超等，重要作品有龚、黄的诗，梁的散文以及小说《海上花列传》《官场现形记》《老残游记》《孽海花》等。

二、中国古代文学史重要文学运动、思潮和流派

（1）诸子百家：春秋战国时期是文化学术大兴盛的时期，"士"阶层兴起，产生了一批杰出的文化巨匠。他们将目光投向现实社会和人生，构建出各自不同的社会理想，产生了儒家、墨家、道家、阴阳家、法家、纵横家等众多学派，称"诸子百家"。同时，还产生了一批最具代表性的诸子散文，例如：儒家的《论语》《孟子》《荀子》；墨家的《墨子》；道家的《老子》《庄子》；法家的《韩非子》；纵横家的《战国策》等。

（2）"汉赋四大家"："赋"是汉代在先秦诗、骚的基础上发展起来的一种介于诗歌和散文之间的文体，属于韵文。汉赋有三个发展阶段：汉初的赋家多模拟楚辞，称"骚体赋"，以贾谊的《吊屈原赋》《鵩鸟赋》为代表，枚乘的《七发》则表现出向散体大赋的过渡；汉武帝时代为汉赋的全盛期，散体大赋定型，代表作有司马相如的《子虚赋》《上林赋》，班固的《两都赋》和扬雄的《甘泉赋》等；东汉中后期，赋以抒情咏物的"小赋"为主流，以张衡《归田赋》、蔡邕的《述行赋》为代表。史学家将司马相如、扬雄、班固、张衡并称为"汉赋四大家"。

（3）"建安风骨"：汉末社会的动荡和思想的活跃，使建安诗坛大放异彩。以曹操、曹丕、曹植这"三曹"和孔融、王粲、刘桢、陈琳、阮瑀、徐幹、应玚"建安七子"为代表。诗人们描写社会动乱的现实，抒发建功立业的抱负，形成了慷慨悲凉的时代风格，其诗风被后世称誉为"建安风骨"。曹操是建安文学的开创者，他诗文俱佳，被鲁迅誉为"改造文学的祖师"，有《短歌行》《步出夏门行》等诗歌名篇；曹丕的《燕歌行》是中国古代文学史上第一首完整的七言诗，他写的《典论·论文》是一篇开文

学批评风气的重要文章；曹植的诗对五言诗的发展起到了很大的推动作用，其辞赋以《洛神赋》最为著名。

（4）"竹林七贤"："竹林七贤"是指魏末正始文学最有代表性的作家，其中文学成就最高者是阮籍和嵇康。阮籍的代表作是 82 首五言《咏怀诗》，首创了我国五言抒情组诗的体例；嵇康的诗在四言诗中另辟蹊径，在曹操之后再创四言诗高峰，代表作是 18 首《赠秀才入军》和《幽愤诗》。

（5）初唐四杰：初唐四杰指王勃、杨炯、卢照邻、骆宾王，他们是"唐诗开创期中负起了时代使命的四位作家"，代表诗作有王勃的《送杜少府之任蜀州》，杨炯的《从军行》，卢照邻的《行路难》，骆宾王的《在狱咏蝉》等。

（6）"吴中四士"："吴中四士"指初、盛唐之交，张若虚、贺知章、张旭、包融四位诗人。其中，张若虚的代表诗作《春江花月夜》有"孤篇压倒全唐"之称，创造了将诗情画意与人生哲理融为一体的诗境美。与之相类似的诗境美佳作，有刘希夷的《代悲白头翁》。

（7）山水诗派和边塞诗派：这两个诗派是盛唐诗歌最重要的两个流派。

山水诗人以王维、孟浩然为代表。王维的诗被苏轼称为"诗中有画，画中有诗"，充溢着空明境界和宁静之美，如《山居秋暝》《终南别业》《秋夜独坐》等；孟浩然的诗亦有意境清远、恬淡清醇之妙，主要有《宿建德江》《临洞庭湖上张丞相》《春晓》等。

边塞诗人以高适、岑参为代表。他们的诗作以边塞为题材，体现出冷峻直面现实的悲慨与雄健奔放的气势美。高适的《燕歌行》、岑参的《白雪歌送武判官归京》极富盛名。

（8）"元白诗派"和"韩孟诗派"：中唐时期，诗人在盛唐诗歌的基础上开创了不同的诗歌流派，使唐诗出现第二次高潮。

元白诗派由白居易、元稹、王建等诗人组成，他们关注现实，诗风较为平易通俗，尤以善写新乐府著称。

韩孟诗派以韩愈、孟郊为代表，包括贾岛、李贺等，偏重艺术技巧，风格奇奥险僻。其中，孟郊和贾岛二人的诗素有"郊寒岛瘦"之称。

（9）新乐府运动："乐府"本是古代掌管音乐的官署名称。至汉代，乐府诗正式问世。汉乐府诗包括文人创作和民歌，其中的民歌多为叙事诗，并以五言为主，打破了《诗经》以来的四言格式。唐代产生了新乐府，首创者是诗圣杜甫，创立了"记事名篇，无复依傍"的以诗写时事并自立新题的新乐府。白居易等人的"新乐府运动"在继承杜甫新题乐府的基础上，正式提出"新乐府"的概念，提倡"文章合为时而著，歌诗合为事而作",将其发展成一场有理论指导、有明确宗旨的大规模文学运动。

（10）古文运动和唐宋八大家：古文运动发生于中唐，由韩愈、柳宗元首倡，它是一场由骈体到散体的文体与文风的革新运动。韩、柳主张"文以明道"，提倡效法先秦两汉散句单行的散文，反对六朝以后盛行的骈文。宋代欧阳修推崇韩、柳，进一步推进这一诗文革新运动，领导了宋代的古文运动。其麾下还有其门生曾巩和王安石以及著名的"三苏"：苏洵、苏轼、苏辙父子三人，这五人与欧阳修并称宋代散文六大家，再加上唐代的韩、柳，八人并称为"唐宋八大家"。

（11）花间词与南唐词：词最早来自民间，它是一种依照乐曲所定的乐段乐句和音节声调填写歌词的特定文体。

温庭筠是中国文学史上第一个以词名家的人，代表作有《菩萨蛮》《梦江南》等。花间词派即是晚唐五代奉温庭筠为鼻祖而进行词创作的一个文人词派，得名于后蜀赵崇祚编辑的《花间集》，以温庭筠、韦庄为代表人物，词风婉丽绮靡。

南唐词以冯延巳和"南唐二主"李璟、李煜为代表，偏重抒怀，多抒发身世凄怆的感慨，把文人词创作推到一个新的发展阶段。代表作有李煜的《浪淘沙（帘外雨潺潺）》《虞美人（春花秋月何时了）》等。

（12）江西诗派：北宋诗人中最具代表性的，是人称"苏黄"的苏轼和黄庭坚。黄庭坚是江西诗派的开创者。他作诗喜欢炼字炼句，主张"点铁成金""夺胎换骨"，形成了一种生新瘦硬的诗风。严羽《沧浪诗话》评曰："以文字为诗，以才学为诗，以议论为诗。"南宋吕本中作《江西诗社宗派图》，列举二十五人诗皆学江西人黄庭坚，"江西诗派"因此而得名。

（13）宋词的豪放派与婉约派：至宋代，词作为一种独立的文学样式，发展到了高峰。豪放派词人，以苏轼、辛弃疾为代表；婉约派词人，以柳永、秦观、周邦彦、李清照等为代表。

（14）元曲四大家：元曲四大家指关汉卿、白朴、马致远、郑光祖，他们是元代杂剧和散曲中最重要的四位作家。关汉卿是元代最杰出的大戏剧家；马致远被誉为"曲状元"，其著名散曲《越调·天净沙》有"秋思之祖"之誉，《汉宫秋》则是其杂剧代表作；白朴的《梧桐雨》《墙头马上》，郑光祖的《倩女离魂》也是元代著名的剧作。

（15）明代前后七子：明代中叶以后，以李梦阳、何景明为首的"前七子"，与以李攀龙、王世贞为首的"后七子"，发起拟古运动，为反对"台阁体"诗风，提出"诗比盛唐"的主张。他们对打击台阁体起到一定的作用，但盲目学古拟古，走上了形式主义的道路。

（16）公安派：公安派以湖北公安人袁宗道、袁宏道、袁中道三兄弟为代表，他们受李贽"童心说"的影响，提倡"独抒性灵，不拘格套"的"性灵说"。公安派的文学成就主要在散文，特别是一些游记、随笔等小品文。其中最著名的有袁宏道的传记文《徐文长传》。

（17）桐城派：桐城派是清中叶最著名的一个散文流派，提倡"唐宋八大家文体"。代表作家有方苞、刘大櫆、姚鼐，被称为"桐城三祖"。因三人都是安徽桐城人，故名桐城派。

三、中国古代文学史重要作家介绍

（1）屈原：屈原名平，战国时期楚国人，生活在战国后期诸国争斗最为激烈的年代。他出身贵族，有优厚的文化教养，也有高远的政治理想和为之奋斗献身的精神。但由于楚怀王昏聩无能、听信谗言，屈原被逐，长期流亡江南，最终自沉汩罗江而死。屈原是我国文学史上第一位伟大的诗人，他的诗以浓烈的激情和奇幻的想象，抒发了忧国忧民的情怀、峻洁高尚的人格、追求理想九死不悔的坚韧品质。名篇有《离骚》《天问》《九章》《九歌》等。

（2）司马迁：司马迁字子长，夏阳龙门（今陕西韩城）人。出身于史官世家，从小得到良好的文化熏染，这培养了他坚定的著史志向。继任太史令后，他开始了写作《史记》的前期工作。后因为李陵降敌辩护，惨遭腐刑，发愤著史成为支撑他的精神支柱。他遍览经史，游历各地，网罗一切可以获取的史料，考核编排，写成了"究天人之际，通古今之变，成一家之言"的规模宏大的《史记》。其所开创的纪传体著史体例，一直影响着我国两千年的历史著述。

（3）陶渊明：陶渊明字元亮，浔阳柴桑（今江西九江）人。晋宋时期著名的大诗人、辞赋散文家。其《桃花源诗并记》描绘了一个农业社会的人间乐园，是一篇流传千古的杰作。《归园田居》是其田园诗的代表作，被认为是中国田园诗的鼻祖。散文《五柳先生传》、辞赋《归去来兮辞》也都是千古传诵的名作。陶渊明一生"不为五斗米折腰"，坚持躬耕自资的处世态度、安贫乐道的高尚情怀和宁静心境，成为中国士大夫精神世界的一座堡垒。

（4）李白：李白字太白，号青莲居士，幼时随家人迁居蜀地绵州昌隆（今四川江油）。李白是中国文学史上，继屈原之后最伟大的浪漫主义诗人。他的诗反映了盛唐时代经济、文化空前繁荣的景象，雄奇豪迈，想象丰富，形象鲜明，语言流畅自然，音韵和谐多变。他还具有鲜明的浪漫气质，善于从民歌、神话中汲取营养和素材，对我国诗歌艺术的发展产生了深远的影响。李白各种诗体都有佳作，以乐府诗和五言、七言绝句成就最高。如《静夜思》《黄鹤楼送孟浩然之广陵》《望庐山瀑布》《望天门山》

等篇，历来被认为"冠绝古今"。他的乐府诗扩大了乐府旧题的题材范围和表现力，达到了后人难以超越的水准。

（5）杜甫：杜甫字子美，原籍襄阳，生于河南巩义市。杜甫的大部分作品真实地再现了唐王朝由开元盛世转向分裂衰微的历史过程，内容极为丰富，反映的社会生活极为广阔，思想极为深刻，因此被誉为"诗史"。"三吏"（《新安吏》《潼关吏》《石壕吏》）和"三别"（《新婚别》《垂老别》《无家别》）是其中的名篇。在艺术风格上，杜诗继承了《诗经》以来的现实主义传统，形成了自己"沉郁顿挫"的风格，成为我国古代诗歌现实主义的高峰，达到了内容与形式的完美统一。在中国古代诗歌史上，杜甫是集大成者，各种诗体都有杰作，被誉为"诗圣"。杜甫和李白并称"李杜"，代表了唐代诗歌乃至中国古代诗歌的最高水平，对后世影响十分深远。

（6）白居易：白居易字乐天，晚号香山居士，下邽（今陕西渭南）人。白居易是唐代诗歌新乐府运动的代表人物，他提出了"文章合为时而著，歌诗合为事而作"的主张，在内容上，强调诗歌反映社会现实、针砭时弊；在形式上，采用新题乐府，运用平易浅白的语言，使诗歌通俗易懂、便于流传。白居易早年与元稹齐名，并称"元白"；晚年则与刘禹锡齐名，并称"刘白"。他的诗都收在《白氏长庆集》一书里。白居易曾将自己的诗歌分为讽喻诗、闲适诗、感伤诗、杂律诗四类。其中，以被白居易归入"感伤"类的《长恨歌》和《琵琶行》最为人们所推重。

（7）韩愈：韩愈字退之，河南河阳（今孟州市）人，祖籍昌黎，世称韩昌黎。韩愈在诗歌和散文两方面都取得极高成就。他反对魏晋以来流行的骈文，是唐代古文运动的倡导者和领袖，被后人尊为"唐宋八大家"之首。他的散文在继承秦汉古文的基础上创新发展，形成自己独特的散文风格。其中，成就最为突出的是论说文，如名篇《原道》《师说》《杂说》《进学解》等。韩愈的诗力求奇崛险怪，在他的倡导下，形成了一个具有鲜明特色的诗歌流派——韩孟诗派（"孟"是指孟郊），对宋诗影响很大。

（8）柳宗元：字子厚，河东（今山西运城）人，世称柳河东。柳宗元与韩愈同为唐代古文运动的倡导者，历来以"韩柳"并称。柳宗元在诗文上都有很高的成就。柳宗元诗的总体风格是清朗疏淡、幽峭深婉，被苏轼称为："外枯而中膏，似淡而实美。"比较而言，他的散文成就最高，大体可分为论说、寓言、游记、传记、骚赋五类。柳宗元开创了具有独立意义的山水游记，被后人视为游记之祖。他被贬官到永州所写的八篇山水游记《钴鉧潭记》《小石潭记》等被后人合称为"永州八记"。柳宗元的寓言是中国文学史上较早独立成篇的作品，代表作有《临江之麋》《黔之驴》《永某氏之鼠》组成的《三戒》。

（9）李商隐：李商隐字义山，怀州河内（今河南沁阳）人。李商隐是晚唐最有成就的诗人，他那婉丽细腻、哀婉感伤的独具特色的诗风，开创了唐诗的新境界。李商隐的诗以咏史诗、咏物诗、无题诗成就最高。以《无题》为名的七言律诗，是李商隐别具一格的创造。这些诗大多以男女爱情、相思为题材，寄意幽深，抒情细腻深刻，艺术成就很高，对后世有很大的影响。

（10）李煜：李煜是南唐中主李璟之子，也是南唐最后一个皇帝，史称李后主。李煜以其杰出的艺术成就，在中国词史上占有重要地位。王国维在《人间词话》里评价说："词至后主而眼界始大，感慨遂深。"亡国的深悲剧痛，造就了李煜词最感人的篇章。这些词以具体可感的艺术形象，抒写对江山、故国的怀恋，语言明净优美，接近口语却情味隽永，婉曲深致，富有表现力。如《浪淘沙（帘外雨潺潺）》《虞美人（春花秋月何时了）》都是脍炙人口的名作。

（11）苏轼：苏轼字子瞻，号东坡居士，四川眉山人。苏轼是一个全才的文学家，他的诗、词、文都取得了很高的成就，代表着宋代文学发展的高峰。相对而言，苏轼词的成就最高。苏轼是宋代豪放派的创始人和杰出的代表作家。他的词摆脱了"词为颜料"的狭隘观念，与专写男女情爱、离情别绪的传统樊篱，转而面向更为广阔的社会人生，使词的表现力和文学地位大大提高。代表作《念奴娇·赤壁怀古》《水调歌头（明月几时有）》壮丽雄奇，历来被视为豪放派的代表佳作。苏轼的诗与黄庭坚并称"苏黄"，被认为是宋诗中最杰出的代表。苏轼的七绝如《题西林壁》《惠崇春江晚景》等篇，历来广为传诵。在散文方面，苏轼被列为"唐宋八大家"之一。他的散文，如行云流水般自然畅达，韵味隽永，富有艺术感染力。

（12）李清照：李清照号易安居士，齐州章丘（今山东济南）人。李清照在诗词创作方面取得了很高的成就，是中国古代创造力最强、艺术成就最高的女性作家，在中国文学史上占有崇高的地位。李清照坚持词"别是一家"的主张，她本人就是婉约词派的杰出代表。她善于选取日常生活中的起居环境、行为细节，来展现自己的内心世界，抒情方式含蓄委婉又极其自然，语言清新素雅，多用白描手法，似乎信手拈来，却极富情味。李清照的词作风格被称为"易安体"，《如梦令》两首、《醉花阴（薄雾浓云愁永昼）》及后期名篇《声声慢》等历来被人们赞赏。

（13）陆游：陆游字务观，号放翁，山阴（今浙江绍兴）人。他是南宋杰出的爱国诗人，也是中国文学史上产量最丰的诗人。陆游在南宋诗坛占有非常重要的地位，他和杨万里、范成大、尤袤被称为南宋中兴四大诗人，并且在其中诗名最著。陆游的诗兼有李白的飘逸奔放和杜甫的沉郁顿挫，语言平易生动，饱含着爱国与忧民的激情，堪称南宋一代"诗史"。《长歌行》《十一月四日风雨大作》《金错刀行》都是脍炙人口的爱国诗名作。千古传诵的诗作《示儿》，更是将这种至死不渝的爱国热情发挥到了极致。陆游其他题材的诗歌也有不少名作，如《游山西村》《临安春雨初霁》等，清新隽永，充满了自然美和人情美。

（14）辛弃疾：辛弃疾字幼安，别号稼轩居士，历城（今山东济南）人。辛弃疾和苏轼并称"苏辛"，都是宋代豪放词的代表作家。辛弃疾独创的"稼轩体"，影响十分深远。和以往词人大多局限于个人情思的抒写不同，稼轩词就内容境界、表现方法和语言的丰富性与创造性而言，都可谓空前绝后。《永遇乐·京口北固亭怀古》《破阵子·为陈同甫赋壮词以寄》《水龙吟·登建康赏心亭》等都是历来传诵的名作。辛弃疾描写农村生活的词则显得清新自然，轻快明丽，如《清平乐·村居》。

（15）关汉卿：关汉卿号已斋叟，大都（今北京）人，是元杂剧的奠基人，也是元代前期杂剧界的领袖人物。他和白朴等一些著名的杂剧作家，组织过一个著名的玉京书会，他本人就是这个书会中最有名的书会才人。关汉卿是元代杂剧本色派的代表作家，散曲创作成就也较高。代表作《窦娥冤》（全名《感天动地窦娥冤》），题材从民间长期流传的"东海孝妇"的故事演化而来。其他作品有《救风尘》《望江亭》《拜月亭》《单刀会》等。

（16）汤显祖：汤显祖字义仍，号海若、若干、清远道人，江西临川人，明代伟大的戏曲作家。重要作品有传奇《紫箫记》《紫钗记》《牡丹亭还魂记》《南柯梦记》《邯郸梦记》五种，其中《紫箫记》为《紫钗记》的前身。因后四种代表了汤显祖戏剧创作的全貌，又均与梦有关，故而合称"临川四梦"或"玉茗堂四梦"。又有诗文集《红泉逸草》《玉茗堂集》等。

四、中国古代文学史重要作品介绍

（1）《诗经》：：《诗经》是我国第一部诗歌总集，共收入西周到春秋时期的诗歌305篇。在先秦，《诗经》统称《诗》或《诗三百》，到汉代被尊为"五经"之一，称为《诗经》。《诗经》内容上分为"风""雅""颂"三部分，形式上以四言为主，表现手法为"赋""比""兴"。名篇有《硕鼠》《伐檀》《关雎》等。《诗经》奠定了我国古典诗歌的现实主义基础。

（2）先秦历史散文：先秦的历史散文对后世历史家和古文家的写作有极其深远的影响。

《尚书》意为"上古之书"，是中国上古历史文件和部分追述古代事迹作品的汇编。春秋战国时称《书》，到了汉代才改称《尚书》，被儒家尊为经典，故又称《书经》。

"春秋"原是先秦时代各国史书的通称，后来因仅有鲁国的《春秋》传世，便成为专称。这部由原来鲁国史官所编的《春秋》，相传经过孔子的整理与修订，被赋予了特殊的意义，因而也成了儒家重要的经典。《春秋》为我国编年体史书之祖，其最突出的特点就是寓褒贬于记事的"春秋笔法"，因此，被后人看作是一部具有"微言大义"的经典，对后世的史书和文学作品的写作产生很大影响。

《左传》原名《左氏春秋》，后人将它配合《春秋》作为解经之书，称《春秋左氏传》，简称《左传》。它与《春秋公羊传》《春秋穀梁传》合称"春秋三传"。《左传》是我国第一部记事详备的编年体史书，相传作者是鲁国的史官左丘明。

《国语》是我国最早的国别体史书，记载了从周穆王到周贞定王五百多年的历史，相传作者亦为左丘明。

《国策》又名《战国策》，是战国时期的史料汇编，国别体史书，共 12 策 33 篇，西汉刘向编订。其中有很多寓言故事，如《画蛇添足》《鹬蚌相争》《狐假虎威》《南辕北辙》等。《战国策》具有很高的散文艺术成就，前人称赞它"辩丽横肆"。

（3）先秦诸子散文：先秦诸子散文产生于春秋战国百家争鸣的时代。

《论语》记录了孔子及其部分弟子的言行，是孔子死后由其弟子辑录而成的，为语录体散文。全书 20 篇，是研究孔子生活、思想的重要资料，是儒家经典之一。

《老子》艺术也是语录体，共 81 章，也称《道德经》。"道"这一哲学范畴的提出，在哲学史上具有重要意义。

《庄子》是庄周及其后学的著作集，是道家经典之一。今存 33 篇，分内篇 7 篇，外篇 15 篇，杂篇 11 篇。一般认为，内篇 7 篇是庄周所作。《庄子》一书想象丰富，言辞瑰丽，其中塑造的大鹏展翅、庄周化蝶等意象，极富文学意蕴。

《孟子》一书记录了孟子的言行，是儒家的经典之一，和《论语》《大学》《中庸》合称"四书"。《孟子》的文章以雄辩著称，许多篇目短小精悍却表意完整。

（4）《楚辞》：《楚辞》是战国时期以屈原为首的楚国人，在本国民歌基础上创造的一种新诗体。其名称本义是指楚地的歌词，有浓厚地方色彩，又称"骚"或"骚体"。西汉刘向搜集屈原、宋玉和汉人仿作，汇编成书，名《楚辞》。它是继《诗经》之后的又一部诗歌总集，有诗歌 17 篇，其中屈原的作品占绝大多数。

（5）《离骚》：《离骚》是屈原的代表作，是一首自序性抒情诗。全诗既写诗人理想与现实的矛盾，又着重写诗人内心世界的苦闷和矛盾，成功运用比兴手法塑造出坚守节操、为理想而献身的抒情主人公形象。《离骚》是我国文学史上第一首浪漫主义杰作与长篇抒情诗，奠定了我国古典诗歌的浪漫主义基础。我国诗歌史上"风骚"并称，"风"指《诗经》国风，"骚"指《离骚》，"风骚"后成为《诗经》和《楚辞》的合称。

（6）《史记》：《史记》又名《太史公书》，是我国第一部纪传体通史，为西汉史学家司马迁所著。它记述了上自黄帝、下至汉武帝太初年间，大约三千多年的历史。《史记》包括12本纪、10表、8书、30世家、70列传，共130篇，形成了严谨完整的体系，创造了新型历史著作体例——"纪传体"，达到了"究天人之际，通古今之变，成一家之言"的目的。鲁迅评价《史记》是"史家之绝唱，无韵之离骚"。

（7）汉乐府民歌："乐府"是两汉时期的音乐机构。它的任务有二：一是将文人歌功颂德的诗制成曲谱并演奏，二是采集民歌。后来，乐府就成了民歌的代名词。乐府民歌的最大特点是，描写现实生活、叙事性强。乐府民歌的佳作有《陌上桑》《孔雀东南飞》《长歌行》等。《孔雀东南飞》是我国第一首长篇叙事诗，与北朝的《木兰诗》合称为"乐府双璧"。

（8）《古诗十九首》：《古诗十九首》是汉代无名氏的作品，原非一人一时所作。梁代昭明太子萧统因各篇风格相近，将它们合在一起，收入《昭明文选》，题为《古诗十九首》，后人遂沿用了这一名称。这十九首诗是早期文人五言诗的重要作品，也是文人五言诗成熟的标志，历来被奉为五言诗典范，被钟嵘《诗品》评价为："天衣无缝，一字千金。"

（9）《搜神记》：《搜神记》是六朝志怪小说的代表作品，作者为东晋史学家干宝。原书30卷，今存本20卷。所记多为神怪灵异之事，但也保存了不少民间传说。其中较著名的有《范寻》《东海孝妇》《干将莫邪》《李寄斩蛇》等。

（10）《世说新语》：《世说新语》是南朝刘宋志人小说集，开创了"志人"这一文言小说体式。全书6卷，主要记载两汉魏晋时代一些人物的趣闻轶事。编著者刘义庆为刘宋宗室，袭封临川王，曾任荆州刺史、江州刺史等职。他爱好文学，召集文学之士编成《世说新语》等书。

（11）《西厢记》：《西厢记》是元杂剧名篇，故事出自唐代元稹的传奇小说《莺莺传》，是作者王实甫在金代董解元《西厢记诸宫调》的基础上，借鉴前人成果，精心创作而成的。剧作以五本二十一折连演一个故事，在体制上是一个创新，是我国古代爱情戏中成就最高、影响最深、流传最广的作品之一。因此，王实甫被公认为元代杂剧文采派的代表作家，其戏曲作品被赞誉为"花间美人"。

（12）《三国演义》：《三国演义》又名《三国志通俗演义》，是我国第一部章回体小说，也是我国最有成就的长篇历史小说。作者罗贯中是元末明初的小说家、戏剧家。《三国演义》是他在民间传说及话本、戏曲的基础上，运用正史材料，结合自己丰富的生活阅历写成的。全书以刘备集团的兴衰为主线，以宏大的结构描写了三国时期尖锐的政治军事斗争，并塑造了刘备、曹操、诸葛亮、关羽等众多性格鲜明的人物形象。

（13）《水浒传》：《水浒传》是一部以古代农民起义为题材的长篇小说，作者施耐庵在民间传说、话本和杂剧的基础上，经过选择、加工、再创作而成。全书形象地描绘了北宋末年山东梁山泊聚义的故事。《水浒传》在文学上的最大成就，体现在人物形象的塑造上。清代著名文学批评家金圣叹指出，《水浒传》中的一百零八将各有其声音，各有其性情。武松、李逵、鲁智深、林冲等人，以不同的性格和形象内涵，成为家喻户晓的英雄义士的代表。

（14）《西游记》：《西游记》是一部具有现实意义的伟大神话小说。作者吴承恩，字汝忠，号射阳山人。小说为我们创造了一个神奇瑰丽的神话世界。全书情节生动、奇幻、曲折，表现了丰富大胆的艺术想象力，塑造了孙悟空这样一个理想化的神话英雄形象。在孙悟空的身上，反映了广大人民群众反抗专制压迫、战胜邪恶和征服自然的强烈愿望。

（15）"三言""二拍"：《喻世明言（又名《古今小说》）》《警世通言》《醒世恒言》合称"三言"，编著者冯梦龙。"三言"有的是冯梦龙本人创作，有的是改写前人的创作。其中的优秀作品，故事情节完整、曲折，细节描写丰富，极善于描摹人情世态。《初刻拍案惊奇》与《二刻拍案惊奇》合称"二拍"，是明代白话短篇小说的代表作品之一，作者凌濛初。两书各有 40 回，每回除了作为"入话"的小故事外，都是独立的一个故事。这五本短篇小说集被后人合称为"三言二拍"。

（16）《聊斋志异》：《聊斋志异》是清代文言短篇小说的代表作，其故事素材多来自民间的口头传说。但作者"使花妖狐魅，多具人情，和易可亲，妄为异类"，许多优秀作品借花妖狐鬼，广泛地讽喻了社会现实，具有丰富深刻的思想内容。作者蒲松龄，字留仙，一字剑臣，别号柳泉居士，《聊斋志异》熔铸了他一生的心血。书名中"聊斋"是他的书斋名，"志"是记的意思。

（17）《红楼梦》：《红楼梦》原名《石头记》，作者曹雪芹，名霑，字梦阮，号雪芹，又号芹圃、芹溪。现在通行的 120 回本，前 80 回是曹雪芹的手笔，现行后 40 回由高鹗续成。《红楼梦》可以说是一部百科全书式的长篇小说。它以一个贵族家庭为中心，围绕着爱情婚姻悲剧，展开一幅广阔的社会历史画卷，展示了渐趋崩溃的封建社会末世的真实内幕。《红楼梦》代表了我国古典小说的最高成就，自问世以来，流传极广，续作众多。历来评论和研究《红楼梦》的人都很多，因此，还形成了一种专门的学问——"红学"。

第二节　中国现当代文学史常识

一、中国现当代文学史概述

中国现当代文学又称"中国新文学"，是 1917 年以后中国新文学作家用白话汉语创作的一切新型文学作品的总称。在较长时期的学科建设中，以新中国成立为界，中国现当代文学被分为现代文学和当代文学两个历史阶段：现代文学以其"现代性"区别于传统古典文学，而当代文学则以其"当下性"呈现其特有的文学基质。

在语言形式上，中国新文学借鉴了西方语法逻辑和结构方式的现代白话口语，以取代更注重语势连贯和阅读者心领神会的古典文言文，从而确立了建立在语言层面的现代交流平台；在文学样式上，在保持和发扬鲜明的民族风格和地方特色的同时，广泛借鉴外国文学的多样化表现手法，取得了各种文学样式的平衡发展；而在文学创作的思想内容层面，更体现出现代知识分子的民主主义、人道主义、个性主义、启蒙主义理想和现代性诉求，体现着觉醒的时代精神和自觉的使命意识，有效地传达了现代中国人的思想、感情和心理。

如果说 1949 年以前的中国新文学完成了中国文学从古典向现代的过渡和转型，那么此后的创作实践，则是在继续打破传统文学审美形态和价值观念的前提下，在不断更迭的社会政治文化体制和意识形态语境下，努力求新求变。其处于不断发展之中的开放性、过渡性和未完成性，是中国新文学"当下性"的一个根本体现。

中国现当代文学的历史进程，可作如下简单的勾勒：

（1）1917 年到 1927 年，中国现代文学之"第一个文学十年"，为中国新文学的开拓建设期。短短十年间，新文学从无到有，从语言革命到思想革命，从理论建设到创作实践，从小群体尝试到大范围接受，并且产生了以鲁迅为代表的一批经典作家，出现众多经典之作，这足以成为中国新文学的立身之本，也由此确定新文学的立足之地。

（2）1927 年到 1937 年，中国现代文学之"第二个文学十年"，为中国新文学的成熟收获期。随着阶级矛盾和民族矛盾的加剧，随着世界范围内"红色十年"的席卷而来，中国新文学创作呈现出前所未有的丰富性和多元性：既有激进的左翼文学、保守的右翼文学，也有中间立场的自由主义文学；既有对现实主义、浪漫主义等新文学传统的继承发扬，也有对西方现代主义和中国古典主义写作立场的借鉴吸收。茅盾、老舍、沈从文、巴金、曹禺等作家和他们的创作，无疑是这个阶段新文学最值得骄傲的收获。

（3）1937年到1949年，中国现代文学之"第三个文学十年"，为中国新文学的分化转型期。战火硝烟之中的这一段"乱世文学"，打破了前两个阶段文学重心的相对集中（北京或上海）和文学格局的相对平静，在文学中心的迁徙流散中，体验和呈现多重复合的创作心态和审美心理。而国土区域的一分为三（国统区、沦陷区、解放区），又必然分化出三种不同质地的文学形态。其中，国统区文学因为集中了前二十年最富实力的新文学作家，而成为"现代文学"顺理成章的一个延展；而解放区文学则以其全新的创作理念，成为新中国成立以后"当代文学"真正意义上的一个起点。

（4）1949年到1979年，中国当代文学之"前三十年文学"，是中国新文学步入统一和一体化的阶段。在新的社会体制建立之初，以文学创作来完成对新体制、新政权的合法性书写，显得天经地义。走进新时代、新生活的新文学作家，确实也将此作为自己义不容辞的责任和使命。而随着体制性文化的逐步发展，随着文艺批判、运动和斗争的日益强化，前三十年文学渐渐步入"左"倾专制主义的深渊，公式化、概念化的写作让文学创作生机不再。

（5）1980年到2000年，中国当代文学之"后二十年文学"，是中国新文学再一次走向开放和多元化的阶段。政治经济体制的改革开放，意味着体制性文化的解体。从朦胧诗、意识流小说开始的新时期文学创新，既宣告了五四人道主义和启蒙主义文学主题的回归，也让80年代文坛充满令人感动的热闹和尊严。而90年代以后，或者说1992年邓小平南方谈话这一堪称中国现当代文化历史性转型的起点以后，文学环境和氛围随着一体化时代的终结、市场化程度的提高而产生了更为深刻的变化，不仅在创作上越来越流露解构崇高、消解深度、凸显个人意志和私人话语的后现代写作特点，而且现代作家（知识分子）的使命意识和社会批判功能亦随之消失瓦解，纯文学的日趋边缘化成为有目共睹的事实去，或者，多少年以后的"20世纪中国文学"，会将这一"历史进程"的句号，点在20世纪80年代末或90年代初；而将1992年以后的中国新文学，纳入"21世纪中国文学"的范畴。

二、中国现当代文学史重要文学运动、思潮和流派

（1）五四文学革命：五四文学革命是中国现代文学史的开端，它以反对旧文学，提倡新文学；反对文言文，提倡白话文为主要内容，是五四新文化运动的重要组成部分。1917年1月、2月，《新青年》杂志相继发表胡适的《文学改良刍议》和陈独秀的《文

学革命论》，这是五四文学革命正式兴起的标志。《新青年》文学革命的主张，得到了钱玄同、刘半农、鲁迅、周作人、李大钊等的响应，展开热烈讨论，形成广泛的运动，并先后击退了林纾、学衡派、甲寅派等封建复古派的进攻。

（2）文学研究会：文学研究会是中国现代最早的新文学社团，成立于1921年1月。主要成员有茅盾、叶圣陶、周作人、郑振铎、朱自清、冰心、许地山、王统照、庐隐等，创办了《小说月报》《文学旬刊》等刊物，提出了"为人生"的文学主张，文学基本倾向为现实主义，对现代新文学的发展做出了重要贡献。

（3）创造社：创造社于1921年7月，由留日学生创建于日本东京。主要成员有郭沫若、郁达夫、田汉、成仿吾、穆木天等，主要刊物有《创造季刊》《创造月刊》《洪水》等，是一个倾向于浪漫主义的文学流派，和文学研究会成为五四时期双峰并峙的两大文学流派。

（4）新月诗派：新月流派是由新月社诗人组成的一个新诗流派。代表人物有闻一多、徐志摩、朱湘、陈梦家，他们以《晨报副刊》的《诗镌》周刊为阵地，倡导新格律诗的创作，因而又称"新格律诗派"。闻一多发表《诗的格律》，提出诗歌"三美"（音乐美、绘画美、建筑美）的主张。代表诗作有闻一多的《太阳吟》《发现》《死水》，徐志摩的《再别康桥》《雪花的快乐》等。

（5）乡土文学：乡土文学是现代文学第一个十年现实主义小说重要的流派，最早可溯源到鲁迅小说《故乡》。代表作家有鲁彦、彭家煌、废名、许钦文、台静农等。他们在鲁迅的创作和五四现实主义文学的影响下，创作出一批以故乡、农村或小镇生活为题材的小说，着力于风土人情的描绘，具有浓郁的地方色彩。

（6）左联：左联是中国左翼作家联盟的简称，1930年3月成立于上海，是党领导下的革命作家的统一组织。主要刊物有《萌芽月刊》《拓荒者》《北斗》等。1936年春自动解散。左联的成立，推动了左翼文艺运动的发展。

（7）中国诗歌会：中国诗歌会是左联领导下的群众性诗歌团体，成立于1932年，发起人有穆木天、杨骚、蒲风等，出版会刊《新诗歌》。它是一个自觉的与无产阶级革命采取同一步调，以大众化为创作目标的现实主义诗歌团体。

（8）京派：京派是30年代一个独特的带隐逸气息的文学流派，其成员如沈从文、废名等大多在京津两地从事文学活动，故而被称为京派。其基本特征是关注人生，但和现实政治保持距离，强调文学的独立品格。与同时期的"论语派""新月派""自由人"和"第三种人"，同属于30年代自由主义文学思潮的代表。

（9）"现代派"：现代派得名于1932年出版的大型文学杂志《现代》。30年代文坛的现代主义思潮麾下有"现代诗派"和"现代派小说"两大阵营："现代诗派"

的首领是"雨巷诗人"戴望舒，成员主要有徐迟、卞之琳、何其芳等；"现代派小说"有心理分析小说的代表作家施蛰存，新感觉主义小说的代表作家穆时英、刘呐鸥、叶灵凤等。

（10）文协：文协是中华全国文艺界抗敌协会的简称，1938年成立于武汉，是全国规模的文艺界抗日民族统一战线组织，会刊是《抗战文艺》。在文协成立大会上，提出了"文章下乡，文章入伍"的口号。

（11）孤岛文学：1937年11月上海沦陷后，部分文艺工作者利用上海租界的特殊环境，在日本侵略势力的四面包围中，坚持抗日的文学活动，至1941年12月"珍珠港事变"日军侵入租界止，历时四年零一个月，被称为"孤岛文学"。其间出版登载大量杂文的刊物《鲁迅风》，推动戏剧运动的活跃发展，其中，现代剧以于伶的《长夜行》、历史剧以阿英的《碧血花》《海国英雄》等为代表。

（12）七月诗派：七月诗派因胡风主编是《七月》而得名，是抗日战争时期国统区最重要的现实主义诗歌流派，以艾青、田间为首，并培养了绿原、亦门（阿垅）、曾卓、鲁藜等一批青年诗人，创作了许多战斗的、以抗战现实为内容、以自由体为主要形式的诗歌。

（13）九叶诗派：九叶诗派是40年代国统区出现的一个具有鲜明特色和影响的现代主义诗歌流派，由辛笛、穆旦等九位诗人组成，较多吸收西方象征诗派、现代诗派的表现艺术和手法，以《诗创造》《中国新诗》为主要阵地。

（14）东北作家群："九一八"东北沦陷后，流亡关内的青年作者如萧军、萧红、端木蕻良等，以激昂、悲愤的情感和浓烈的乡土气息，创作了一批描绘东北人民苦难与觉醒的关外地域史诗，形成了一个独特的创作群体，被称为"东北作家群"。代表作品有端木蕻良的长篇小说《科尔沁旗草原》，萧军的《八月的乡村》，萧红的《生死场》《呼兰河传》等。

（15）伤痕文学、反思文学：新时期文学以"伤痕文学"为开端，1977年刘心武的短篇小说《班主任》是其发端之作，之后卢新华的《伤痕》引发一大批表现"文化大革命"伤痕的小说，丛维熙的《大墙下的红玉兰》、遇罗锦的《一个冬天的童话》、古华的《芙蓉镇》等相继问世并构成高潮。

"反思文学"是七八十年代之交开始出现的审视反思过去历史的文学创作，代表作品有：王蒙的《蝴蝶》《活动变人形》，茹志鹃的《剪辑错了的故事》，鲁彦周的《天云山传奇》，张贤亮的《灵与肉》《绿化树》，张一弓的《犯人李铜钟的故事》，张弦的《被爱情遗忘的角落》，高晓声的《李顺大造屋》《陈奂生上城》，陆文夫的《美食家》《井》，张炜的《古船》等。

（16）寻根文学：进入 80 年代中期，文坛出现"文化寻根"热，作家们开始致力于对传统意识、民族文化心理的挖掘，他们的创作被称为"寻根文学"。代表作家作品有韩少功的《爸爸爸》，阿城的《棋王》《树王》《孩子王》，张承志的《黑骏马》，贾平凹的"商州系列"，李杭育的"葛川江系列"等。他们希望从"民族文化心理"的层面，解答中国为何会出现"文化大革命"十年动乱乃至自盛唐以来国力衰落的疑问。这是新时期首次出现的，以明确理论主张倡导的，理论与作品同时出现的，完整意义上的文艺思潮。

（17）先锋文学：其源头可追溯到"文化大革命"中的诗歌和小说探索。80 年代前期王蒙的《春之声》、徐星的《无主题变奏》、刘索拉的《你别无选择》被批评家称为"真正的"现代派小说。先锋小说是指 80 年代中后期涌现的一批被称为先锋作家的作品。马原的《拉萨河女神》《冈底斯的诱惑》的小说叙事探索形成了著名的"马原的叙事圈套"。莫言的《白狗秋千架》《筑路》，残雪的《山上的小屋》《苍老的浮云》，格非的《褐色鸟群》《迷舟》，孙甘露的《信使之函》《访问梦境》《我是少年酒坛子》，余华的《十八岁出门远行》《河边的错误》《现实一种》，苏童的《一九三四年的逃亡》等汇成了一股先锋小说的浪潮。

（18）"新写实主义小说"：新写实主义小说是 80 年代末出现的文学思潮，代表作家作品有池莉的《烦恼人生》、池莉的《冷也好热也好活着就好》、刘震云的《一地鸡毛》等。他们热衷于对现实生活进行近乎自然主义的"生活流"细节描绘，崇尚对现实的"原生态"表现，刻意避免在叙述中掺杂作者的主观感情色彩。

（19）"新历史主义小说"：新历史主义小说是 80 年代末出现的文学思潮，莫言的《红高粱》被认为是其"开山之作"，其他主要作家的作品有黎汝清的《皖南事变》、刘震云的《故乡天下黄花》等。新历史主义在真实观、历史观和艺术观上都带有明显的反传统色彩，追求对题材的抽象和超越，把题材、人物、事件仅仅当作一种背景，而主要表现主观体验和人物心灵，拓展了作品的思想容量。

（20）朦胧诗：朦胧诗是新时期重要的诗歌创作潮流，因其在艺术形式上多用总体象征手法，具有不透明性和多义性而得名，代表性诗人和作品有北岛的《回答》、舒婷的《致橡树》、顾城的《一代人》等。这个流派曾创办民间诗歌刊物《今天》，侧重表达对"文化大革命"政治神话的抗争和反思，对自身价值的追问与探求，对自由理想的追寻，从整体上改变了当代诗歌的基本格局和基本风貌。

（21）"新生代诗歌"：新生代诗歌被称为第三代诗歌运动，又称"后朦胧诗""当代实验诗"等，酝酿于 80 年代初期，到 90 年代成为中国诗坛的大潮。他们反对朦胧诗经典化的诗歌理念，具有非英雄和非崇高、荒谬感和随意性、非修辞和口语化等特点，代表性诗人和诗作有韩东的《有关大雁塔》、于坚的《对一只乌鸦的命名》等。

（22）学者散文：学者散文是八九十年代散文创作的一个重要现象，这些散文的作者大多是一些从事人文科学或社会科学研究的学者，他们往往将学术知识和理性思考融入散文的表达之中，因而其散文又有"文化散文""哲理散文"之称。代表作家和作品有张中行的《负暄琐话》《流年碎影》，余秋雨的《文化苦旅》《文明的碎片》，王小波的《我的精神家园》《沉默的大多数》，等等。

（23）实验戏剧：新时期戏剧改革以1980年马中骏、贾鸿源、瞿新华的《屋外有热流》为起点，之后刘树纲的《一个死者对生者的访问》、孙惠柱的《挂在墙上的老B》、高行健和刘会远合作的《绝对信号》等形成了80年代探索戏剧的创作浪潮。90年代的实验戏剧以过士行的《闲人三部曲》（《鸟人》《棋人》《鱼人》）、孟京辉的《思凡》为代表。

三、中国现当代文学史重要作家介绍

（1）鲁迅：鲁迅原名周树人，字豫才，浙江绍兴人。伟大的文学家、思想家、革命家，中国现代文化的奠基人。他是中国第一篇现代白话小说《狂人日记》（1918年）的作者，也是《新青年》"随感录"最早和最优秀的作者之一。小说集《呐喊》《彷徨》是中国现代文学的奠基之作，是中国小说现代化的卓越开端。此外，还有历史小说集《故事新编》、散文诗集《野草》、回忆散文集《朝花夕拾》。鲁迅一生写得最多的是杂文，结集为《坟》《热风》《华盖集》《而已集》《三闲集》《二心集》《南腔北调集》等，是其思想和精神最直接、最生动的体现。

（2）郭沫若：郭沫若原名郭开贞，生于四川乐山。杰出的诗人和历史剧作家，"创造社"的发起者和核心人物，革命文学运动的倡导者和领导者，也是杰出的历史学家和古文字学家。在他长达60年的文学生涯中，在诗歌和历史剧上取得了最为突出的成就。第一本诗集《女神》（1921年）以全新的思想内容和形式开一代诗风，堪称中国现代白话新诗的奠基之作。此外，还有《星空》《前茅》《瓶》等诗集。历史剧作品主要有抗战时期的《棠棣之花》《屈原》《虎符》《高渐离》《孔雀胆》《南冠草》，以及新中国成立后创作的《蔡文姬》《武则天》等。他最早发表的小说是《牧羊哀话》。自传性质的小说《漂流三部曲》开创了中国现代小说"三部曲"形式。

（3）郁达夫：郁达夫原名郁文，浙江富阳人，是创造社的发起人和最重要的小说家。在散文、旧诗词、文学理论、翻译等方面也有独到的贡献，而以小说创作的影响最大。其小说处女作是1920年于日本留学期间写作的《银灰色的死》，后与《沉沦》《南迁》结集为《沉沦》于1921年出版。《沉沦》是中国现代文学史上的第一部短篇小说集。

其后著名作品有《春风沉醉的晚上》《薄奠》《迟桂花》等。郁达夫的小说以其独特的"自序传"特色开创了中国小说的新体式。

（4）茅盾：茅盾原名沈德鸿，字雁冰，浙江桐乡乌镇人。参与发起成立文学研究会，是五四新文学的理论家和活动家。文学成就以小说最为突出。中篇小说《蚀》三部曲（《幻灭》《动摇》《追求》）是其小说处女作，其后重要作品有：长篇小说《虹》《子夜》《腐蚀》《霜叶红似二月花》，短篇小说《林家铺子》、"农村三部曲"（《春蚕》《秋收》《残冬》），散文名篇《风景谈》《白杨礼赞》等。其中《子夜》是我国现代文学史上第一部现实主义长篇杰作。

（5）老舍：老舍原名舒庆春，字舍予，满族人。1951年获"人民艺术家"称号。老舍是与茅盾、巴金齐名的现代长篇小说大家，又是现代杰出的戏剧家。主要作品有长篇小说《二马》《骆驼祥子》《四世同堂》，剧本《茶馆》《龙须沟》《西望长安》等。老舍以北京市民社会为中心，展开对民族传统文化的反思批判。浓郁的北京地方色彩、温厚又峻厉的幽默，形成了其独特的风格，使他成为"京味小说"的开创者。

（6）巴金：巴金原名李尧棠，四川成都人。其文学创作以中长篇小说最为突出，重要作品为长篇小说"激流三部曲"（《家》《春》《秋》），"爱情三部曲"（《雾》《雨》《电》）以及他的最后一部长篇小说《寒夜》等。其中《家》等为我国现代文学史上描写封建家庭历史的最成功的作品，1982年获意大利"但丁国际奖"。巴金还是杰出的散文大家，创作了大量散文，有散文集《保卫和平的人们》《随想录》等。

（7）沈从文：沈从文原名沈岳焕，苗、汉血统。自学成才走上文学创作之路，自称"乡下人"。文学创作以小说为主，散文为次，是30年代文坛"京派"的代表作家。代表作有中篇小说《边城》、长篇小说《长河》、散文集《湘行散记》《湘西》等。

（8）曹禺：曹禺原名万家宝，是现代文学史上最杰出的戏剧家。处女作《雷雨》一举成名，之后的《日出》《原野》《北京人》《家》《王昭君》等，皆达到了很高的艺术水平，为中国现代戏剧的发展做出了巨大贡献。

（9）艾青：艾青原名蒋海澄，中国20世纪重要诗人。前期主要作品有《大堰河——我的保姆》《北方》《向太阳》《火把》等，后期（新中国成立后）有《光的赞歌》《归来的歌》等。他是贯穿整个20世纪中国诗歌创作的大诗人。在中国现代诗歌发展史上，艾青是继郭沫若、闻一多之后，推动一代诗风的重要诗人。他的作品标志着五四以后自由体诗发展的一个重要阶段，又给以后的新诗创作带来很大影响。

（10）赵树理：赵树理原名赵树礼，山西沁水人。著名的小说作家，"山药蛋派"小说的盟主。成名作是40年代的《小二黑结婚》《李有才板话》《李家庄的变迁》等，其中，《小二黑结婚》被誉为"解放区文艺的代表作之一"。新中国成立后，代表作品有长篇小说《三里湾》，短篇小说《登记》《锻炼锻炼》等，围绕其作品中的"中间人物"问题曾有过较大规模的争论。1970 年被"四人帮"迫害致死。

（11）郭小川：郭小川当代杰出诗人，1955 年以一首《致青年公民》蜚声文坛，此后一发不可收，写下了《望星空》《甘蔗林—青纱帐》《团泊洼的秋天》等系列诗篇，被公认为当代最具代表性、最富影响力的政治抒情诗人。他借鉴古代辞赋善用排比、对偶、长句来强化感情的特点，结合现代汉语规律，形成了郭小川式的"新辞赋体"。

（12）王蒙：王蒙是当代著名作家、文学评论家，曾任《人民文学》主编、中华人民共和国文化部部长、中国作家协会副主席。代表作有短篇小说《组织部新来的年轻人》《春之声》，中篇小说《蝴蝶》，长篇小说《活动变人形》等。其作品多次获全国优秀短、中篇小说奖。

（13）汪曾祺：汪曾祺于 40 年代开始发表小说、诗歌和散文，早期作品集有《邂逅集》等。80 年代进入其创作高峰期，是一个跨时代的作家。著名小说《受戒》《大淖记事》等，被评论界视为当代诗化、散文化小说的范本。

（14）贾平凹：贾平凹以小说蜚声文坛，在散文创作上也自成一家。长篇小说《浮躁》获第八届美国美孚飞马奖，中篇小说《腊月·正月》获第三届全国优秀中篇小说奖，短篇小说《满月儿》获首届全国优秀短篇小说奖。另获各种报刊文学奖近 40 次，有多部作品被改编为影视戏剧，被翻译为英、法、日、德等多种版本。1993 年出版的长篇小说《废都》迄今多有争议。

（15）高行健：高行健是剧作家、小说家，80 年代探索戏剧浪潮的代表人物。其《绝对信号（合作）》《车站》《独白》《野人》（合作）等，大量吸收了西方现代派的戏剧手法，突破了传统戏剧的时间结构和空间观念。90 年代定居法国，出版小说《灵山》等。于 2000 年获诺贝尔文学奖，成为第一个获此殊荣的华语作家。

四、中国现当代文学史重要作品介绍

（1）初期白话诗的"尝试"：1917 年，文学革命兴起，白话诗率先向旧文学发起挑战。胡适是尝试白话诗的第一人。他的《尝试集》是现代文学史上第一部白话诗集。在他之后，被称为"平民诗人"的刘半农学习民间歌谣，创作有诗集《瓦釜集》《扬鞭集》。沈尹默的《三弦》《月夜》是最早的散文诗。周作人的《小河》被胡适誉为"新诗中的第一首杰作"。

（2）文学研究会的"问题小说"：五四时期"问题小说"的写作逞一时之盛，文学研究会成员冰心、叶圣陶、庐隐、许地山、王统照等皆以"问题小说"的作家身份步入文坛。

冰心，原名谢婉莹，小说处女作《两个家庭》，之后有《超人》《烦闷》《悟》构成"爱的三部曲"，小诗集《繁星》《春水》，散文集《寄小读者》《往事》。

叶绍钧，名圣陶，新文学史上最早和最有成就的"教育小说家"，相继出版《隔膜》《火灾》《城中》等多部短篇小说集。代表作品有短篇《潘先生在难中》、长篇《倪焕之》。童话集《稻草人》《古代英雄的石像》为现代中国童话文学的开山之作。

许地山，笔名落花生，其小说最引人注目的特点是异域色彩、宗教氛围和爱情线索。代表作品有小说《缀网劳蛛》《春桃》。散文集《空山灵雨》被认为是"现代小品文的最初成册的书"。

王统照，文学研究会重要小说家，有短篇集《春雨之夜》《霜痕》等，长篇小说《黄昏》《山雨》《春华》等以及一些散文集、诗集和评论。短篇《湖畔儿语》、长篇《山雨》是其最重要的作品。

庐隐，原名黄英，五四时期与冰心齐名的女作家，《或人的悲哀》《丽石的日记》《海滨故人》是其最重要的作品。其作品多写女性心理，在一定程度上属于心理问题小说，采用自序传体式，与郁达夫堪称双璧。

（3）周作人"美文"：周作人于1921年5月发表《美文》，首倡艺术性美文，以"平和冲淡"的美文小品见称于世。主要散文集有《自己的园地》《雨天的书》《泽泻集》《谈龙集》《谈虎集》《永日集》《看云集》《夜读抄》《苦茶随笔》《风雨谈》《瓜豆集》《秉烛谈》《苦口甘口》等，其中有《乌篷船》《喝茶》《谈酒》《故乡的野菜》等诸多名篇，确立了他作为现代中国最大的散文家之一的声名。

（4）朱自清散文：朱自清散文主要收录在《踪迹》《背影》《欧游杂记》《伦敦杂记》等文集里。朱自清擅长写漂亮精致的抒情散文，既有以《背影》《儿女》《给亡妇》为代表的以事传情的散文，也有以《荷塘月色》《绿》《桨声灯影里的秦淮河》为代表的写景抒情的散文。被公认为20世纪20年代娴熟运用白话文的典范，对现代散文的成熟、发展做出了杰出贡献。

（5）20年代诗歌："胡适之体"的《尝试集》首开现代白话诗风气；郭沫若诗集《女神》创新热烈奔放的自由体式新诗；闻一多、徐志摩的新月诗派引领"新格律诗"的创作；被鲁迅誉为"中国最杰出的抒情诗人"的冯至，其《十四行集》是中国十四行诗成熟的标志，诗集《昨日之歌》收录的《我是一条小河》《蛇》等为脍炙人口的名篇，《帷幔》《蚕马》《吹箫人的故事》等叙事诗为中国新诗发展做出了独到贡献；被称为"诗怪"的李金发率先引进西方象征诗派的艺术手法，创立中国新诗的现代派，其代表作品有《微雨》《为幸福而歌》《食客与凶年》三部诗集。

（6）30年代小说流派：30年代以来，小说创作获得巨大进展，涌现出三大流派。

社会剖析派：社会剖析派注重对现实社会客观真实的描写。代表作家作品如茅盾的《子夜》；吴组缃的短篇《一千八百担》《樊家铺》，长篇《鸭嘴崂》（后改名《山洪》）；沙汀的短篇《土饼》《苦难》《在其香居茶馆里》，合称"三记"的长篇《淘金记》《困兽记》《还乡记》；艾芜的短篇《南行记》《山峡中》；张天翼合称"速写三篇"的短篇《华威先生》《谭九先生的工作》《新生》，中篇《清明时节》，长篇《鬼土日记》；叶紫的短篇《丰收》、中篇《星》等。

京派：侧重于对人生世态尤其是乡野生活的诗意描绘，将鲁迅、郁达夫开创的现代抒情写意小说推向了一个新的阶段。代表作家作品如沈从文的《边城》；冯文炳的小说集《竹林的故事》《桃园》，长篇小说《桥》《莫须有先生传》；凌叔华小说集《花之寺》《女人》；萧乾的短篇小说集《篱下集》，中篇小说《梦之谷》等。

现代派：现代派包含心理分析小说和新感觉小说两派作家。代表作品有心理分析派施蛰存的《梅雨之夕》《春阳》，新感觉派穆时英的《夜总会里的五个人》《上海的狐步舞》等。

（7）《太阳照在桑干河上》：这是丁玲于 1948 年完成的长篇小说，真实地描写了我国土改工作波澜壮阔的历史场面。被誉为"新中国诞生前的叙事诗"，获得 1951 年度斯大林文艺奖金二等奖。丁玲 1927 年发表处女作《梦珂》，随后发表了《莎菲女士的日记》等一批以女性精神苦闷为题材的小说，受到文坛瞩目。1930 年参加"左联"，1936 年到达陕北苏区，出版短篇小说集《我在霞村的时候》。

（8）《财主的儿女们》：这是路翎于 1942 年完成的长篇小说，小说以"一·二八"上海抗战到苏德战争爆发十年间的社会生活为背景，展现了蒋捷三家这个封建大家族分崩离析的过程，集中描写了青年知识分子苦难的心灵历程。这部长篇巨著，奠定了路翎作为"七月派""小说重镇"的地位。其主要作品还有短篇小说集《青春的祝福》，中篇小说《饥饿的郭素娥》《蜗牛在荆棘上》等。

（9）《围城》：《围城》是钱钟书于 1946 年创作的长篇小说，小说以留学归来的方鸿渐等为中心人物，描写了抗战爆发后一群知识分子远离社会斗争洪流，内心贫乏、空虚而又卑琐的生活，被誉为新《儒林外史》。其主要文学作品还有 1941 年出版的散文集《写在人生边上》，1946 年出版的短篇小说集《人·兽·鬼》。

（10）《金锁记》：《金锁记》是张爱玲于 1943 年创作的，与《沉香屑：第一炉香》《茉莉香片》《倾城之恋》等一起被公认为张的代表作。1944 年出版了小说集《传奇》。张爱玲是上海沦陷时期最走红的女作家。其小说多选择"欲的自由""生的苦闷"来剖析人性中最根本的东西，将中外古今的优秀传统熔于一炉，形成了自己大俗大雅的独特艺术魅力。

（11）孤岛时期戏剧：孤岛文学最活跃的是戏剧创作，出现了大量现实题材和历史题材的话剧，前者以于伶的《夜上海》为代表，后者以阿英（钱杏邨）的《明末遗恨》《海国英雄》（《碧血花》）《洪宣娇》为代表。同时期，国统区也产生了一批著名剧作，如曹禺《黑字二十八》（与宋之的合作，又名《全民总动员》）《蜕变》《正在想》《北京人》《家》，夏衍的《上海屋檐下》《心防》《法西斯细菌》，宋之的《雾重庆》，吴祖光的《风雪夜归人》，陈白尘的《岁寒图》《升官图》，李健吾的《这不过是春天》《梁允达》，郭沫若的《屈原》《虎符》等历史剧作，阳翰笙的《天国春秋》《草莽英雄》，欧阳予倩的《忠王李秀成》等。

（12）《王贵与李香香》与《白毛女》：解放区文学以大众化和民族化为方向，出现了许多新人新作。

《王贵与李香香》是解放区最有代表性的长篇叙事诗，作者李季，运用陕北民歌信天游的形式，在诗歌民族化、群众化方面获得巨大成功。同类作品还有阮章竞的《漳河水》、张志民的《王九诉苦》等。

《白毛女》于1945年由延安鲁迅艺术文学院集体创作，贺敬之、丁毅执笔，是解放区新歌剧的代表作，也是中国歌剧发展史上的一个里程碑。新歌剧作品还有《赤叶河》《王秀鸾》《刘胡兰》等。

（13）解放区小说：40年代解放区文学成就较大的是小说创作，其中最具影响力的作品有：赵树理的《小二黑结婚》《李有才板话》《李家庄的变迁》；孙犁的《荷花淀》《芦花荡》《嘱咐》；同获斯大林文学奖、反映解放区土地革命的长篇小说有，丁玲的《太阳照在桑干河上》和周立波的《暴风骤雨》；两部章回体长篇小说是马烽、西戎的《吕梁英雄传》和袁静、孔厥的《新儿女英雄传》；反映解放区农村生活的长篇小说有欧阳山的《高干大》；反映农村初期互助合作组的长篇小说有柳青的《种谷记》；解放区第一部工业题材的长篇小说是草明的《原动力》；另有短篇佳作康濯的《我的两家房东》、刘白羽的《无敌三勇士》等。

（14）十七年小说：这一时期是小说丰收期。其一为农村题材小说，有"山药蛋派"代表人物赵树理的长篇《三里湾》，短篇《锻炼锻炼》《登记》；"荷花淀派"代表人物孙犁的《铁木前传》；以及周立波的《山乡巨变》、柳青的《创业史》、李准的短篇《李双双小传》等农村题材小说。

其二为革命历史题材小说，表现国内革命战争的长篇代表作有杜鹏程的《保卫延安》和吴强的《红日》，短篇代表作有茹志鹃的《百合花》等；表现民主革命时期斗争的小说有罗广斌、杨益言的《红岩》、梁斌的《红旗谱》、曲波的《林海雪原》、杨沫的《青春之歌》、李英儒的《野火春风斗古城》、欧阳山的《三家巷》；表现抗战斗争的小说如知侠的《铁道游击队》、刘流的《烈火金刚》、雪克的《战斗的青春》、冯志的《敌后武工队》、冯德英的《苦菜花》等。

（15）《人到中年》：作者谌容，1980 年发表。这是一部具有深刻现实意义的社会问题小说，通过中年女医生陆文婷的独特经历，提出了一个极具普遍性的社会问题：我们的国家应该如何对待知识分子，特别是中年知识分子。小说塑造了陆文婷这个具有典型意义的人物形象，使之成为 80 年代中年知识分子的代名词。小说的结构颇具"意识流"色彩。

（16）《人生》：作者路遥，1982 年发表。这是一部具有鲜明时代感和现实感的作品。它围绕主人公高加林曲折复杂的人生故事，串联起农村和城市、理想和现实、文明与落后……深刻地反映了不同经历和社会地位的青年人对"人生"的探求、对命运的思索。作品发表并改编成电影后，围绕高加林形象曾引起全国性的争议和讨论。路遥另有长篇小说《平凡的世界》和中短篇小说集《当代纪事》《姐姐的爱情》等。

（17）《活着》：作者余华，1992 年发表。小说以叙事主人公福贵的回忆，讲述了在几十年历史变迁中，这位老人所经受的家庭变故、贫困、战争和亲人的死亡。小说在平淡与冷峻中，闪烁着温暖的亮光与抒情的诗意色彩。余华另有长篇小说《呼喊与细雨》《许三观卖血记》等以及小说集《十八岁出门远行》《偶然事件》《河边的错误》等。

（18）《白鹿原》：作者陈忠实，1992 年发表。这是一部具有史诗规模与气度的长篇小说。小说以白鹿原的白家和鹿家为叙事主线，描绘了一幅从大革命、抗日战争到三年内战，贯穿五十多年变迁的历史画卷。在政治斗争的历史表象背后，小说揭示出真实复杂的人性和家族伦理的传统文化观念，称得上是一部民族文化的寓言。在审美形式上，小说也具有浓厚的民族文化韵味。陈忠实另有短篇小说集《乡村》，中篇小说集《初夏》《蓝袍先生》等。

（19）女性作家的小说：新时期以来，文坛涌现出一大批女性作家，成为当代文坛引人注目的现象。代表性作家作品有：张洁的《方舟》《祖母绿》《沉重的翅膀》，王安忆的《小鲍庄》、"三恋"（《小城之恋》《锦绣谷之恋》《荒山之恋》）《叔叔的故事》《纪实与虚构》《长恨歌》，铁凝的《没有纽扣的红衬衫》《麦秸垛》《玫瑰门》。此外，还有被称为先锋作家的陈染的《与往事干杯》《嘴唇里的阳光》《私人生活》，林白的长篇《一个人的战争》以及"新写实"作家池莉的《烦恼人生》、方方的《风景》等。

第三节　世界文学史常识

一、世界文学史概述

世界文学史是一部时间跨度大、地域涵盖广、内容异常丰富的文学发展史，大致上可分为西方文学和东方文学两条线索。"西方文学"泛指欧美各国的文学，它虽然包含了许多国家和民族的文学，但因其有着共同的文化渊源和大致相同的历史进程，使用可以被视为一个整体；"东方文学"指亚洲和非洲各国文学，它以《圣经》和古印度文学为开端，构成了世界文学的另一个组成部分。

（一）西方文学发展的几个阶段

（1）古代文学：古希腊、古罗马是欧洲文化的发源地，古希腊罗马文学和早期基督教文学是欧美文学的两大源头。古希腊文学分为三个时期：第一，"荷马时代"或"英雄时代"。公元前 12 至前 8 世纪，氏族社会向奴隶制过渡时期，主要成就是神话和史诗。第二，"古典时期"。公元前 8 至前 4 世纪，古希腊进入奴隶制时代，主要成就有抒情诗（品达和女诗人萨福）、寓言（相传为释放奴隶伊索所作，故称《伊索寓言》）、戏剧、文艺理论（柏拉图和亚里士多德）。第三，"希腊化时期"。公元前 4 至前 2 世纪，奴隶制衰亡时期，主要体裁为新喜剧和田园诗。古罗马承接古希腊文学，是古希腊文学和后世欧洲文学的中介。

（2）中世纪文学：公元 476 年，西方历史进入中世纪，即封建制时代。基督教成为封建制度的精神支柱，教会文学盛行于世，欧洲文学处于中世纪的萧条冷落时期。主要有英雄史诗和民间谣曲：如法国的《罗兰之歌》、西班牙的《熙德之歌》、德国的《尼伯龙根之歌》；骑士文学：主要体裁是骑士抒情诗和骑士叙事诗，亚瑟王与他的圆桌骑士，是叙事诗常用的题材；城市文学：韵文故事最流行，以法国的《列那狐传奇》为代表。中世纪欧洲最重要的作家是意大利诗人但丁，他是中世纪文学向近代过渡的标志。

（3）文艺复兴时期文学：从 14 世纪起，欧洲历史进入资本主义萌芽的新时期。14 至 17 世纪初，欧洲兴起反封建教会的文艺复兴运动。意大利是文艺复兴运动的发源地，但丁（长诗《神曲》）、彼得拉克（诗集《歌集》）、薄伽丘（短篇小说集《十日谈》）是意大利文学的奠基人和文艺复兴运动的先驱。英国人文主义文学最早的代表是乔叟，代表作《坎特伯雷故事集》。法国的拉伯雷、西班牙的塞万提斯和英国的莎士比亚被认为是这一时期西方文学的三大巨人。

（4）17世纪文学：17世纪古典主义文学思潮应运而生。弥尔顿是当时英国最重要的作家，代表作有长诗《失乐园》《复乐园》和诗剧《力士参孙》；高乃依是法国古典主义悲剧创始人，他的《熙德》是古典主义悲剧代表作；拉辛的《安德洛玛克》是标准的古典主义悲剧；莫里哀是法国古典主义成就最高的喜剧家；布瓦洛的《诗的艺术》被视为法国古典主义文艺法典。

（5）18世纪文学：18世纪是启蒙运动兴起的时代，提倡自由、平等和天赋人权。伏尔泰是法国启蒙运动的领袖人物；卢梭是启蒙运动中的民主派，对浪漫主义文学产生了巨大影响；笛福的《鲁滨孙漂流记》，标志着英国现实主义小说的诞生；歌德和席勒将长期处于落后状态的德国文学提升到了这一时期欧洲文学的高峰；莱辛的美学名著《拉奥孔》论述了诗与画的界限。

（6）19世纪文学：在1789年法国大革命的影响下，19世纪初欧洲掀起了声势浩大的浪漫主义文学运动。浪漫主义文学首先在德国兴起，在创作上，则以英、法两国的成就最为突出。早期英国浪漫主义的代表，是以华兹华斯为代表的“湖畔派”诗人，第二代浪漫主义诗人有拜伦、雪莱等；法国浪漫主义文学最重要的作家是雨果。

19世纪中期，批判现实主义文学思潮兴起，奠基人是法国的司汤达、巴尔扎克，随后还有梅里美、福楼拜、左拉、莫泊桑等作家；英国现实主义作家中狄更斯是最杰出的代表，哈代和萧伯纳是19世纪后期英国重要的现实主义作家。

俄国和北欧的现实主义文学起步稍晚但成就显赫。普希金是俄国文学浪漫主义向现实主义过渡的标志。果戈理是俄国现实主义文学的奠基人。此后，屠格涅夫、陀思妥耶夫斯基、列夫·托尔斯泰和契诃夫等人的创作，达到了很高的水平。北欧最著名的现实主义作家是安徒生和易卜生。

19世纪中期，浪漫主义推动了美国民族文学的发展。华盛顿·欧文被誉为“美国文学之父”，惠特曼的《草叶集》是美国浪漫主义文学的杰出代表，马克·吐温、杰克·伦敦是优秀的现实主义作家。

19世纪西方文学中还有一个值得注意的现象，就是无产阶级文学的兴起。英国“宪章派文学”和德国工人诗歌，是早期的无产阶级文学。1871年后，巴黎公社文学为世界无产阶级文学树立了一座丰碑，其最杰出的诗人是《国际歌》的作者鲍狄埃。

（7）20世纪文学：20世纪欧美各国经历了巨大而深刻的变化，欧美文坛呈现出流派纷呈、复杂多变的局面。现实主义处在更新和深化的状态，现代主义以强劲势头开拓文学发展的新领域。

高尔基是俄国伟大的无产阶级作家，是社会主义现实主义文学的奠基人。欧美现代主义文学（先锋派）产生于第一次世界大战前后，包括表现主义、后期象征主义、意识流、超现实主义等众多流派。奥地利卡夫卡的《变形记》、英国乔伊斯的《尤利西斯》和法国普鲁斯特的《追忆逝水年华》是其奠基作。

第二次世界大战后，西方文坛出现了存在主义、荒诞派戏剧、新小说派、黑色幽默等一系列新的现代主义文学流派。存在主义文学的代表作家，是存在主义哲学的两位代表萨特和加缪；法国尤奈斯库的《秃头歌女》和爱尔兰贝克特的《等待戈多》，是荒诞派戏剧的杰作；黑色幽默出现在 20 世纪 60 年代的美国，代表作是海勒的《第二十二条军规》；魔幻现实主义兴起于拉丁美洲，影响最大的作家是哥伦比亚的加西亚·马尔克斯。

（二）东方文学（不包括中国文学）发展的四个阶段

（1）古代文学：埃及文学和巴比伦文学是世界上最古老的文学。古巴比伦的《吉尔伽美什》，是已发现的世界最古老的完整史诗。宗教性诗文集《亡灵书》是古埃及文学汇编。诗歌总集《吠陀》是印度最古老的文学遗产；《摩诃婆罗多》《罗摩衍那》是古印度的两大史诗，也是印度教的经典；迦梨陀娑是这一时期杰出的诗人和剧作家。《旧约》是希伯来古文献的汇集，集中了希伯来文献的精华和成就。

（2）中古文学：中古文学以阿拉伯、日本、波斯文学的成就最为突出。伊斯兰教经典《古兰经》是阿拉伯文学史上第一部散文巨著，民间故事集《一千零一夜》是阿拉伯文学最杰出的作品；《万叶集》是日本最古老的诗歌总集，女作家柴式部的《源氏物语》是物语文学的代表，也是世界上最早的长篇小说之一；中古波斯有"诗国"之称，菲尔多西的长篇英雄史诗《王书》和萨迪训诫故事诗《蔷薇园》是其代表；朝鲜小说《春香传》被誉为古典名著。

（3）近代文学：近代东方文学除日本外，绝大多数是殖民地、半殖民地和半封建社会的文学。日本近代文学的代表人物有，开近代浪漫主义文学之先河的森鸥外、现实主义代表作家夏目漱石、自然主义代表作家岛崎藤村。印度新文学的杰出代表是泰戈尔，他也是东方第一位诺贝尔文学奖的得主。

（4）现当代文学：现当代东方文学一般指 20 世纪以来的文学。这一时期东方国家纷纷摆脱了殖民主义的枷锁，走上了不同的发展道路。

现当代日本文学的成就主要表现在两方面：德永直的长篇小说《没有太阳的街》和小林多喜二的中篇小说《蟹工船》，被称为日本无产阶级文学的双璧。资产阶级文学产生了唯美派、白桦派和新思潮派。新感觉派标志着日本现代派文学的兴起，代表作家是川端康成；三岛由纪夫和大江健三郎，是二战后日本节学的代表作家。

阿拉伯现当代文学产生了两个重要流派：旅美派和埃及现代派，前者以黎巴嫩作家纪伯伦为代表，后者以埃及作家塔哈·侯赛因为代表。东方又一位诺贝尔文学奖得主，埃及作家马哈福兹，被誉为埃及和阿拉伯小说界的"金字塔"，代表作是《宫间街》《思宫街》《甘露街》三部曲。

二、世界文学史重要文学运动、思潮和流派

（1）文艺复兴运动：文艺复兴运动是 14 至 17 世纪初发生于欧洲的一场以复兴古希腊古罗马文化为旗帜，反对封建教会神权的伟大思想文化运动，是欧洲从中世纪进入近代的枢纽。人文主义是文艺复兴运动的主要思潮与理论。人文主义文学占主导地位，近代文学的抒情诗、短篇小说、长篇小说、戏剧都发源于这一时期，在整个人类文化发展史上占有极其重要的地位。

（2）古典主义：古典主义是在 17 世纪流行于西欧尤其是法国的，一种带有浓厚封建色彩的资产阶级文学思潮。因为它在文艺理论和创作实践上以古希腊古罗马文学为典范，故称为古典主义。法国古典主义的成就是多方面的，尤以戏剧最为突出，形成了戏剧"三一律"的创作规范，出现了以高乃依、拉辛为代表的悲剧作家，以莫里哀为代表的喜剧作家以及文艺理论家布瓦洛和寓言诗人拉·封丹。

（3）感伤主义文学：感伤主义文学是 18 世纪中叶英国的文学思潮，因斯泰恩的小说《感伤的旅行》而得名。这部小说以感伤的情绪表达对现实的不满，侧重描写心理感觉。感伤主义对法国卢梭、德国狂飙突进运动以及 19 世纪浪漫主义文学，产生了深远影响。感伤主义文学的代表作家作品有：英国笛福的《鲁滨孙漂流记》、斯威夫特的讽刺小说《格列佛游记》、菲尔汀的《汤姆·琼斯》。

（4）哲理小说：哲理小说是 18 世纪法国启蒙作家创作的新型小说，以思想的深度和表达方式的特别著称。代表性作家作品有：孟德斯鸠的《波斯人信札》、伏尔泰的《老实人》、狄德罗的《拉摩的侄儿》、卢梭的《爱弥尔》等。

（5）狂飙突进运动：狂飙突进运动是 18 世纪七八十年代德国文学运动，因剧本《狂飙突进》而得名。这一运动是反封建启蒙运动的继续和发展，要求个性解放，推崇自然和自我，强调民间文学和民族风格。代表作家作品有：歌德的戏剧《铁手骑士葛兹》和小说《少年维特的烦恼》、席勒的戏剧《阴谋与爱情》。

（6）浪漫主义：浪漫主义通常指 18 世纪末至 19 世纪初盛行于欧洲的一种文艺思潮和文艺运动。它受英国产业革命和法国大革命的直接影响以及启蒙理想破灭后催生的一种释放并表现自我的潮流的间接影响，反映了资产阶级上升时期对个性解放的要求。

欧洲浪漫主义的代表作家作品有：德国诗人海涅的抒情长诗《德国——一个冬天的童话》；英国第一代诗人"湖畔派"华兹华斯的《抒情歌谣集·序》，被称为英国浪漫主义文学的纲领；第二代诗人拜伦的长诗《恰尔德·哈罗德游记》；雪莱的诗剧《解放了的普罗米修斯》、山水诗《西风颂》；法国雨果的剧作《欧那尼》；俄国普希金的诗《自由颂》；莱蒙托夫的长诗《诗人之死》；美国惠特曼的诗集《草叶集》；波兰密茨凯维奇的叙事诗《塔杜施先生》和匈牙利裴多菲的抒情诗《自由与爱情》。

（7）批判现实主义文学：批判现实主义文学通常指 19 世纪 30 年代以后，在欧洲文学艺术中取代浪漫主义而占主导地位的一种文艺思潮和文艺运动。批判现实主义作家主张客观真实地描绘现实生活，塑造典型环境中的典型人物，强调唯理主义和批判精神。司汤达的《拉辛与莎士比亚》是现实主义文学的第一部理论著作。欧洲批判现实主义代表作家有：法国的司汤达、巴尔扎克、福楼拜，英国的狄更斯、哈代、萨克雷和勃朗特姐妹，俄国的果戈理、别林斯基、契诃夫、车尔尼雪夫斯基等。

（8）现代主义文学：现代主义是 19 世纪末至今的欧美文学思潮，又叫现代派文学，是欧美当代一大批反传统的文学流派的总称。现代主义源于 19 世纪末法国的象征主义，到 20 世纪 20 年代得到很大的发展，逐渐形成后期象征主义、表现主义、未来主义、超现实主义和意识流文学等众多流派。二战后到今天，现代主义又一次繁荣。当代有法国的存在主义文学、新小说派，欧美的荒诞派戏剧，美国的"垮掉的一代""黑色幽默"等。现代主义文学的代表作家有：法国的波德莱尔、美国的海明威、奥地利的卡夫卡、英国的艾略特等。

（9）象征主义：象征主义可追溯到 19 世纪五六十年代的英国诗人波德莱尔，他被认为是象征主义的先驱，其小说《恶之花》描写病态的巴黎及诗人孤独、颓废而又不甘沉沦的复杂的精神世界。后期象征主义在 20 世纪 20 年代兴起，代表作家作品有：爱尔兰诗人叶芝《盘旋的楼梯》《驶向拜占庭》，英国诗人艾略特《荒原》，法国诗人瓦雷里《海滨墓园》，比利时诗人和戏剧家梅特林克《青鸟》等。

（10）表现主义：表现主义于 20 世纪初起源于德国绘画界"桥社"和"青骑士"，1914 年进入文学、音乐等各种领域，中心在德国。表现主义文学反对现实主义和自然主义的创作思想，强调表现人的主观感受和复杂多变的精神状态。代表作家作品有：恰佩克《万能机器人》，奥尼尔《毛猿》《琼斯皇》，卡夫卡《变形记》《城堡》等。

三、世界文学史重要作家介绍

（1）莎士比亚：莎士比亚是文艺复兴时期英国伟大的剧作家和诗人，代表了英国文学的最高成就，被马克思称为"人类最伟大的戏剧天才"。他一生写了 37 个剧本、两部长诗和 154 首的《十四行诗》，以戏剧成就最为突出。最著名的作品有，悲剧《罗密欧与朱丽叶》和被称为"四大悲剧"的《哈姆雷特》《奥赛罗》《麦克白》《李尔王》，喜剧《威尼斯商人》《第十二夜》，历史剧《亨利四世》。

（2）莫里哀：莫里哀是 17 世纪法国伟大的喜剧家，古典主义喜剧的代表人物，也是世界喜剧作家中成就最高者之一。早期《太太学堂》是部性格喜剧，也是欧洲近代社会问题剧的开端；中期重要作品有《伪君子》《吝啬鬼》《唐璜》《恨世者》；晚期重要作品有《史嘉本的诡计》，是世界最出色的喜剧之一。

（3）歌德：歌德是德国诗人、剧作家及思想家，"狂飙突进运动"的主将。他的书信体小说《少年维特的烦恼》是德国第一部产生世界影响的作品，引起"维特热"。另有哲理诗剧《普罗米修斯》、悲剧《葛兹·冯·伯利欣根》、长篇小说《威廉·迈斯特》。代表作诗剧《浮士德》是世界文学史上里程碑式的作品。

（4）拜伦：拜伦是英国诗人，浪漫主义文学的杰出代表。重要作品《东方叙事诗》是一组以地中海沿岸为背景的长诗总题。诗篇中的主人公被称为"拜伦式英雄"，他们都是孤傲的反抗者，具有强烈的叛逆精神，但又脱离群众，其反抗是悲观、绝望的孤军作战。长诗《恰尔德·哈罗德游记》以反侵略、反暴政、争自由为主题，带有鲜明的主观抒情性。诗体小说《唐璜》被歌德称赞为"绝顶天才之作"。

（5）雨果：雨果是法国诗人、小说家、戏剧家，欧洲 19 世纪浪漫主义文学的卓越代表。他的《〈克伦威尔〉序言》成为法国浪漫主义运动的宣言。戏剧代表作《欧那尼》上演的成功，标志着浪漫主义对古典主义的胜利。长篇小说有《巴黎圣母院》《悲惨世界》《笑面人》《九三年》等。著名短诗《希腊的孩子》被收录在诗集《东方吟》中，是其早期浪漫主义诗作之一。

（6）普希金：普希金是俄国诗人、小说家，对 19 世纪俄国文学的发展起了开创和奠基的作用，是俄罗斯文学语言的典范。主要作品为抒情诗《自由颂》《致大海》；长篇叙事诗《高加索的俘虏》《强盗兄弟》；长篇小说《上尉的女儿》；长篇诗体小说《叶甫盖尼·奥涅金》，主人公奥涅金是俄国文学史上第一个"多余人"的形象。

（7）巴尔扎克：巴尔扎克是法国批判现实主义大师、世界文学界的伟人。主要作品为《人间喜剧》，包括《高老头》《欧也妮·葛朗台》《贝姨》《邦斯舅舅》等 96 部小说，是世界文学中规模最宏伟的创作之一，被恩格斯评价为"用编年史的方式"，"给我们提供了一部法国社会特别是巴黎上流社会的卓越的现实主义历史"。

（8）狄更斯：狄更斯是英国批判现实主义文学的杰出代表。第一时期的作品有《匹克威克外传》《老古玩店》，第二时期作品有《董贝父子》《大卫·科波菲尔》，第三时期的作品有《艰难时世》《双城记》《远大前程》《我们共同的朋友》。其小说具有强烈的批判精神和浓厚的人道主义色彩。

（9）果戈理：果戈理是继普希金之后俄国文坛之主，他开创了俄国新的文学流派——"自然派"，这个流派实际上就是俄国的批判现实主义文学，后来成为俄国文学中最强大的流派。主要作品有小说集《狄康卡近乡夜话》《密尔格拉得》和《彼得堡故事》，其中，《狂人日记》《外套》等是写"小人物"的名篇；剧本《钦差大臣》为喜剧艺术的杰作；长篇小说《死魂灵》是其代表作，也是俄国"自然派"文学的奠基作品。

（10）易卜生：易卜生是挪威现实主义文学的代表，社会问题剧的创始人，欧洲现代戏剧的先驱。主要作品有哲理诗剧《布朗德》《彼尔·金特》；著名"社会问题剧"《社会支柱》《玩偶之家》《群鬼》《人民公敌》；晚期创作由社会问题剧转向象征主义，剧本着重于心理描写和对人性的挖掘。

（11）托尔斯泰：托尔斯泰是19世纪俄国小说家，被列宁称为"俄国革命的镜子"。早期小说有自传体三部曲《童年》《少年》《青年》，代表作有长篇小说《战争与和平》《安娜·卡列尼娜》《复活》。托尔斯泰的创作是"清醒的现实主义"，但他自己又狂热鼓吹"勿以暴力抗恶"的托尔斯泰主义。

（12）契诃夫：契诃夫是俄国小说家、戏剧家。代表作有小说《小公务员之死》《变色龙》《第六号病房》《挂在脖子上的安娜》《带阁楼的房子》《装在套子里的人》等；剧作《万尼亚舅舅》《三姊妹》《樱桃园》《海鸥》等。他的短篇小说创作尤其受到人们的称赞。

（13）高尔基：高尔基是俄国作家，无产阶级文学的最伟大代表。代表作有散文诗《海燕之歌》，自传体三部曲小说《童年》《人间》和《我的大学》，长篇小说《母亲》，为后来的社会主义现实主义奠定了基础。

（14）海明威：海明威是美国作家，诺贝尔文学奖获得者。代表作《永别了，武器》是"迷惘的一代"创作的顶峰和终结；《丧钟为谁而鸣》展现了西班牙人民反法西斯的斗争，摆脱了悲观和迷惘；《老人与海》描写一个老渔夫与鲨鱼搏斗的故事，具有明显的象征意味和寓意，形象地展示了人类要勇敢地面对失败、永远保持精神不败的主题，主人公桑提亚哥是一个"硬汉子"性格的化身。

（15）卡夫卡：卡夫卡是德语小说家，生于奥匈帝国统治时期的布拉格犹太商人家庭。在短暂的一生中，他写下了被称为"孤独三部曲"的长篇小说《美国》《审判》和《城堡》，以及中短篇小说《判决》《变形记》等。卡夫卡小说深刻描写了资本主义社会的异化现象，通过荒诞、隐喻、痛苦的幽默来揭示现代西方人的精神危机，被认为是西方现代主义文学的奠基人。

（16）泰戈尔：泰戈尔是印度诗人和作家，诺贝尔文学奖获得者。代表作有诗集《吉檀迦利》《飞鸟集》《新月集》，长篇小说《沉船》和《戈拉》，剧本《邮局》等。他的《人民的意志》一诗被定为印度国歌。

（17）川端康成：川端康成是日本小说家，"新感觉派"文学运动的发起人，他将西方现代派创作方法引进日本节坛，是诺贝尔文学奖得主。一生写了400余篇（部）中短篇和长篇小说，其中以中短篇为主，还写了不少散文、随笔、评论、诗歌和书信、日记等。获诺贝尔文学奖的作品是三个中篇小说《雪国》《千只鹤》和《古都》。另有著名小说《16岁的日记》《伊豆的舞女》《温泉旅馆》《花的圆舞曲》《名人》等。

四、世界文学史重要作品介绍

（1）荷马史诗：荷马史诗包括《伊利昂纪》和《奥德修纪》两部史诗，产生于公元前9至前8世纪，相传是盲诗人荷马所作，故称"荷马史诗"。《伊利昂纪》描写部落战争，《奥德修纪》描写氏族社会末期到奴隶社会初期，人类同自然的斗争和社会斗争。两千多年来，"荷马史诗"一直被当作欧洲叙事诗的典范和史诗的楷模。

（2）古希腊戏剧：古希腊戏剧源于酒神祭祀。悲剧产生于公元前6世纪末，起源于祭祀活动的酒神颂歌（酒神颂），主要以神话为题材；喜剧源于祭祀活动的狂欢歌舞或游行，多取材于现实。三大悲剧家指："悲剧之父"埃斯库罗斯，代表作《被缚的普罗米修斯》；"戏剧界的荷马"索福克勒斯，代表作《俄狄浦斯王》；"舞台上的哲学家"欧里庇得斯，代表作《美狄亚》；阿里斯托芬被誉为"喜剧之父"，代表作《阿哈奈人》《鸟》。

（3）《旧约》：《旧约》是希伯来古文献的汇集。在犹太教看来，《旧约》是上帝与人订立的"契约"。公元前1世纪，基督教诞生后，把犹太教的《旧约》和自己的《新约》合并，称《新旧约全书》，通称《圣经》。

（4）《一千零一夜》：《一千零一夜》又译作《天方夜谭》，是一部流传很广的中古阿拉伯民间故事集。早期手抄本流传于公元七八世纪，基本定型于公元15世纪末、16世纪初。全书共有大故事134个，许多大故事中包含了若干小故事。其中，如《国王山鲁亚尔及其兄弟的故事》《阿拉丁和神灯的故事》《阿里巴巴和四十大盗的故事》等流传甚广。

（5）《神曲》：《神曲》是但丁在流亡时期写的一部长诗（1307—1321年间完成），是诗人的代表作，分为三部，即《地狱》《炼狱》《天堂》。全诗像一篇庞大的寓言，采用象征、隐喻、梦幻手法，既有中世纪文学的一般特征，又透露出文艺兴起的曙光，恰如恩格斯对但丁的评价"是中世纪的最后一位诗人，同时又是新时代的最初一位诗人"，具有两重性。

（6）《十日谈》：《十日谈》是薄伽丘的短篇小说集，是近代欧洲第一部现实主义巨著。用"框形结构"把100个故事联成整体，揭露教会的虚伪与腐败，宣扬"幸福在人间"的现世主义理想，奠定了欧洲短篇小说创作的基础。

（7）《堂吉诃德》：《堂吉诃德》是塞万提斯的一部辉煌巨著，欧洲近代现实主义小说的先驱，标志着欧洲长篇小说一个新的发展阶段。小说兼具骑士传奇和流浪汉小说的优点，塑造了堂吉诃德这一典型形象。堂吉诃德是一个既脱离现实的主观主义者，又是一个执着于人文主义理想与信念的人。

（8）《哈姆雷特》：《哈姆雷特》是莎士比亚的杰出悲剧，写于1601年。借古代丹麦王子复仇的故事，反映了文艺复兴末期英国"颠倒混乱"的社会现实，塑造了哈姆雷特这一不朽的艺术典型。哈姆雷特是人文主义理想的王子，"生存还是死亡"、理想与现实的深刻矛盾，造成他精神忧郁与优柔寡断的性格，他的悲剧是人文主义者的悲剧和整个时代的悲剧。

（9）《巨人传》：《巨人传》是法国16世纪著名小说家拉伯雷的代表作，全书共五部，具有浓郁的象征意义。巨人象征着文艺复兴时期思想的先驱者、时代的巨人，他们代表着人类的前途和信心。《巨人传》第一次把人本身提高到了前所未有的高度。

（10）《浮士德》：歌德的代表作，其创作贯穿于歌德的全部写作生涯。它的构思来源于16世纪浮士德民间传说，歌德对这一传说进行了根本的改造，使其成为一部时代精神发展的历史。浮士德形象象征着近代资产阶级精神的探索过程，既有永不满足、不断进取的个性，也有贪图享乐等弱点；魔鬼靡非斯特是浮士德的对立面，他是个虚无主义者，持否定精神，对人生抱消极态度。

（11）《汤姆叔叔的小屋》：美国废奴文学的代表作家斯托夫人的著名长篇小说。小说以写实的手法描绘了黑奴的非人生活，表现黑奴们的优良品质，张扬人道主义精神，预示了奴隶制覆灭的历史趋势。这部小说发表后产生了巨大的影响，林肯总统接见作者时，戏称她是"写了一本书，酿成一场大战的小妇人"。

（12）《变形记》：《汤姆叔叔的小屋》是西方现代派小说鼻祖、表现主义小说代表作家卡夫卡的短篇小说，创作于1915年。小说情节离奇，描写主人公推销员格里高尔变成了大甲虫，最终被家人抛弃的故事，是西方现代主义文学中描写人被异化主题的杰作。小说以意识流手法写人的精神状态，语言含有苦涩的幽默，在怪诞、夸张中显示主题思想。

（13）《尤利西斯》：《尤利西斯》是爱尔兰意识流小说大师乔伊斯的长篇小说，于1922年发表。小说书名从荷马史诗《奥德修纪》拉丁文名而来，在人物、情节和结构上都与荷马史诗对应。乔伊斯认为，在表现对人生的探索上，《奥德修纪》是全部西方文学的基石。《尤利西斯》被认为是一部"现代资本主义社会精神崩溃的史诗"。小说大量采用意识流以及内心独白、象征暗示等艺术手法。

（14）《第二十二条军规》：约瑟夫·海勒是美国"黑色幽默"小说的代表人物，《第二十二条军规》是他于 1961 年发表的长篇小说，也是 60 年代"黑色幽默"小说的代表作。小说以第二次世界大战为背景，描写了一支美国空军飞行中队的种种荒唐混乱的状况。主人公尤索林求生求安的愿望一再受挫，这隐喻了在动荡的美国社会中许多人不能掌握自己命运的困境。作者用漫画式的小说人物及反语、嘲讽的手法，创造了小说中疯狂、杂乱的生活氛围。

（15）《百年孤独》：《百年孤独》是拉丁美洲魔幻现实主义代表作家马尔克斯的代表作，于 1966 年发表。小说一问世就震惊了整个西语文坛，再版上百次，被誉为"再现拉丁美洲历史社会图景的鸿篇巨制"。小说人物近百个，描写布恩蒂亚家族七代人在马孔多延续了百年的历史。布恩蒂亚家族的神奇经历与不幸，是印第安人历史文化的再现和拉美民族的缩影。小说遵循"变现实为幻想而又不失真"的创作原则，将荒诞离奇的描写与"孤独"的马孔多融为一体。

第六章 汉语言文字写作文化传播

第一节 主要写作体裁

一、记叙文

（一）记叙文要素构成

记叙文就是记载、叙述人物经历或事物发展变化过程的文章。

记叙文大体可以分为写人、记事、写景、状物几大类型。其中，以写人、记事最为常见。其实，记事和写人并不能截然分开。记"事"不能没有"人"，因为任何事件中都必然有人物活动；写"人"也不能离开"事"，因为人物只有在事件的漩涡中才能表现得活泼生动。所谓"写人""记事"，也只是相对得有所侧重。

具体来看，写人为主的记叙文，重点在于表现人物。要通过具体、生动的事实，通过人物的语言、行动、肖像和心理描写，而不是冗长、空洞的鉴定式的介绍说明，来表现人物性格特征、展示人物精神面貌。其所涉及的事件不一定特别完整，只要有一个或几个有代表性的片断即可。而记事为主的记叙文，则主要通过描述事件的来龙去脉、前因后果来表达特定的思想和意旨，所以要求将事件记叙完整，同时，要求文脉清晰、详略得当、重点突出。

记叙文包含六大要素，即时间、地点、人物和事件、起因、结果。运用这些要素时，应注意必须首先把时间、地点交代具体、明确：事件发生在什么时候，是现在、过去还是将来；事件发生在什么地方，有着什么样的环境、状况和气氛。其次，要分析事件涉及哪些人物，人物的出场如何推动情节的发展。因为人物是主角，所以要写得有血有肉、个性突出。至于事件则要写明白，事件是怎么发生的，发生的经过如何、结果如何。记叙的事件不论大小，都应把事件的起因、发展和结果写完整。好的记叙文，起因和结果更要紧密配合，以使事件不违背情理。事件的经过要写得有起有伏、曲折动人，并且能圆满地把事件因果连贯起来。

（二）记叙文表现手法

记叙文主要有记叙、描写、抒情和议论等几种常用的表达方式。其中，记叙和描写，是记叙文最基本的表达方式。记叙和描写的结合，是记叙文写作的基本要求。

记叙，就是记载和叙述人物的经历、活动以及事物发展变化的经过，通过一般的述说和交代，把人物或事件及其相互关系、变化介绍给读者，把分散的场景、事物的片断贯穿起来，使读者对事物的发展和全貌有一个清晰的了解；描写，则是在记叙的基础上，以生动形象的语言，将人物、事件、景物存在与变化的具体状态作精细的描绘，造成一种如见其人、如闻其声、如临其境的感觉，使读者受到艺术感染，留下难以忘怀的印象。记叙文如果缺少描写，就会平淡苍白，主题不突出，形象不鲜明，情景不感人。当然，描写要恰当，要能突出特征、写出变化，要为中心服务。

描写的方法多种多样，从描写的对象看，一般有三种：人物描写，包括肖像描写、行动描写、语言描写和心理描写等；景物描写（也称环境描写），包括自然环境描写和社会环境描写；细节描写，可以和人物描写、景物描写重叠或交叉，构成人物和环境的完整描写。

从描写的角度看，又可分为正面描写（又称直接描写）和侧面描写（又称间接描写）。正面描写是作者直接对描写对象（人物、事件、环境）作生动的刻画和描绘；侧面描写则是作者通过对周围人物或环境的描绘，来表现所要表现的对象，即间接地对描写对象进行刻画、描绘，使其鲜明突出。

从描写的风格看，则有白描和细描（渲染）。这两者都是中国传统绘画中的术语。白描，即用墨线勾勒线条。用在文学描写中，指的是用最俭省的笔墨，不借助比喻、拟人等修辞手法，甚至很少用形容词，抓住描写对象的主要特点，写出事物的本质特征或人物的精神面貌。叙事，线条分明，言简意赅；写人，三言两语就揭示出人物的心态，如见其人。它是一种不加渲染和烘托，没有浓烈色彩的描写手法，正如鲁迅所谓"画眼睛"的手法。细描或渲染，在绘画中指的是工笔着色，使画面浓墨重彩。引用到文学描写中，指的是细致、具体地描绘对象，运用比喻、拟人、夸张等修辞手法和象征、暗示、烘托等多种表现手法，使所写对象栩栩如生、细致逼真。

在记叙文中，在记叙、描写的基础上适当地加以抒情和议论，不仅能增强文章的感染力与表现力，而且更能凸显文章的中心和主旨。抒情，就是抒发、表达自己的感情，表述自己对人物、事件所采取的情感、立场和倾向；议论，就是讲述道理，就是作者通过对客观事物的评判、议论，来表明自己的观点和态度。

记叙文中的抒情和议论，大致有三种情况：先叙（描）后议（抒）、夹叙（描）

夹议（抒）、先议（抒）后叙（描）。议论和抒情的运用，要从需要出发，恰如其分。适当地穿插议论、抒情，会起到画龙点睛之效；而过多的议论、抒情，则会使文章内容流于空泛和过于主观化。

在记叙文中，有时也需要进行说明，但这只能在必要的时候运用，用多了也会影响记叙文的生动。

（三）记叙文叙事要点

1. 记叙文写作线索

在一篇记叙文中，要把一件或多件事情叙述清楚，就需要一条或多条线索把它们贯穿起来。线索，就是贯穿在整个作品情节发展中的脉络。主要类型有：

（1）以事件为线索，围绕事件组织材料或围绕事件写人。比如《分马》，就是以分马这一事件为线索，串联不同的人物言行；《第二次考试》中的"考试"所起的作用也是一样的。

（2）以人物为线索，即围绕人物组织材料。比如《孔乙己》中的小伙计"我"就是线索人物，作品是以他的感受、见闻来记叙孔乙己这个人物的。

（3）以实物或景物为线索。如《记一辆纺车》中的"纺车"、《一件珍贵的衬衫》中的"衬衫"，都是全文串联事件发展的线索。

（4）以感情为线索。如《回忆我的母亲》，以热爱、感谢、报答母亲为行文线索。材料的取舍和组织，都要围绕线索展开。

2. 记叙文写作顺序

记叙文常用的记叙顺序，有顺叙、倒叙、插叙和补叙四种。

（1）顺叙。顺叙即按事件、人物发展变化的自然时间先后顺序来记叙。其优点是，所记叙的事件自"始"至"终"、从"因"到"果"，符合时间线性发展的客观规律和人们对客观世界的认知规律，容易体现情节发展的连贯性。运用顺叙要注意有详有略、起承转合，否则会使人感到平铺直叙、呆板乏味，像流水账一样平淡。

（2）倒叙。倒叙是指对往事的追述，用法国叙事理论家热拉尔·热奈特的话讲，就是"对故事发展到现阶段之前的事件的一切事后追述"，即把后来发生的情节提前记叙、介绍，然后再叙述发生在先的情节。比如《一件珍贵的衬衫》，由珍藏的衬衫引起回忆，进而交代衬衫的由来。这种方法能突出主题或重点，给读者留下悬念，从而吸引读者、引人入胜。运用倒叙要衔接自然，否则会使文章前后脱节、出现混乱。

（3）插叙。插叙就是在记叙中心事件的过程中，为了帮助开展情节，暂时中断叙述的线索，插入一些与主要情节相关的内容的叙述方法。如《故乡》中插叙了对少年时代闰土的回忆，《祝福》里插叙了"我"路遇祥林嫂的情节。恰当地运用插叙，可以拓展题材、丰富内容、深化主题。要注意的是，插叙的部分不是主要情节，千万不可喧宾夺主、干扰主题。

（4）补叙。补叙即在记叙过程中，只用少量文字对人物或事件作简短的补充说明。比如莫泊桑《项链》的结尾，伏来士洁夫人告知主人公玛蒂尔德·路瓦栽夫人，她的那一串项链是假的，至多值五百法郎的这一段文字，就是典型的补叙。

叙述方法的交替运用，可以使文章更多姿多彩。但万万不可为变而变，这会使文章显得支离破碎或者前后脱节。基本上，采用什么叙述方式，还是要由文章的内容来决定。

3. 记叙文写作角度

记叙文的叙述视角即叙述所采取的立足点和特定角度，通常通过叙述人称表现出来。

我们平时所谓的第一人称叙述视角和第三人称叙述视角，前者为有限叙述视角——"我"必须讲述"我"所知道（亲身经历或耳闻目睹）的事件和人物，对无法感知的时空则无法叙述。而第三人称叙述视角，则经常是"全知全能"的叙述视角，它所叙述的对象不受个人所处角度的影响和限制，因而往往具有超越时空的特性；叙述者对人物的外貌及内心、事件的来龙去脉也都了如指掌，从而有助于对记叙对象的宏观把握。当然，第三人称叙述视角也有限制视角的情形——当叙述者将叙述权力交于故事中的某个人物，以"他"的角度观看故事中的人物和事件时。

第二人称叙述视角，是一个值得探讨的问题。"第二人称叙述"表面看似乎是成立的，其表征就是文章中频频出现"你"的称呼。比如魏巍《谁是最可爱的人》，把读者称作"你"，以消除作者与读者之间的距离感，使读者觉得亲切、自然。有的则把被叙述对象称作"你"，如朱自清的《给亡妇》，称作者已逝的妻子为"你"，以一种虚拟对话的方法，使叙述对象由静态转化为动态、由历史变成现实，从而增强了作品的感染力。但事实上，"你"其实是文本的一个叙述对象，每一个"你"的背后，都有一个隐藏不露的"我"，这个第一人称"我"才是真正意义上的文本叙述者，所以第二人称叙述视角是一种伪视角，它事实上的叙述视角应该是第一人称。

在如今的写作尤其是文学写作中，经常可以看到几种叙述视角的交替使用，这是有相当技术难度的。一般记叙文可以尝试，但写作应试作文时我们并不提倡。

二、议论文

（一）议论文要素构成

我们对某件事情、某个现象或某些问题总会有自己的看法、主张和观点。把这些主张、看法和观点摆出来，并说明理由，就叫议论；如果把它写下来成为文章，就是议论文。常见的议论文，包括读后感、杂文、评论、演说、序言、书评、随笔等。

议论文包含三大要素，即论点、论据和论证。

（1）论点。

论点即作者在文章里提出的看法和主张。一篇议论文一定有一个中心论点，有的议论文还有分论点。分论点是从属于中心论点，为中心论点服务的。

① 确立论点时，要做到：

论点正确：经得起时间和实践的检验；

论点鲜明：做到态度明朗，绝不模棱两可，让人捉摸不定；

论点新颖：要有新鲜感，有新的见解，绝不老生常谈、人云亦云。

② 论点的位置一般有四个：

出现在文章标题里，比如《改造我们的学习》《反对党八股》；

出现在文章开头，如《简论市侩主义》；

出现在文章中间，如《拿来主义》；

出现在文章结尾，如《春末闲谈》结尾："扫荡这些食人者，掀掉这筵席，毁坏这厨房，则是现在的青年的使命！"

（2）论据。

论据就是用来证明论点的根据和材料，有事实论据和理论论据两种。作为论据的"事实"，包括确凿的事实、史实及统计数字，等等；作为论据的"理论"，则包括道理、科学原理、定律、公式、权威者的言论、广为人知的古典诗词名句以及约定俗成的民谚、格言、俗语、成语，等等。

使用论据证明论点时，一要做到论据围绕中心论点，与论点保持一致，这是一个最基本的前提。否则，论据的说服力就要打折扣，论点就站不住脚。二要做到事实论据充足确凿、真实可信。理论论据具有相当的经典性和权威性，这样才能增强说理的效果。

（3）论证。

论证就是运用论据证明论点的过程和方法，是论点和论据之间的逻辑关系纽带。议论文一般有两种论证方式：立论和驳论。立论，主要从正面阐述对某一事件或问题的见解和主张；驳论，是用充分有力的证据来反驳对方的观点，用事实或道理证明对方观点的错误。立论和驳论常常是相互联系、紧密结合的。立论性文章有时也批驳谬误，驳论性文章在批驳的同时也阐明正确的观点。只是前者侧重"立"，后者侧重"破"。

写驳论，一般先摆论敌的错误论点，然后以确凿的事实和公认的真理对之加以反驳，在反驳过程中阐明自己的正确观点。常见的驳论方法有：

驳论点，即直接用正确的论点和事实，证明对方的论点是错误的、片面的，指出其论点的荒谬和虚假。

驳论据，证明对方的论据是虚假的、荒谬的、不能成立的，从而说明对方论点缺乏根据，是无稽之谈。

驳论证，揭露对方在论证过程中的逻辑错误，如大前提、小前提与结论之间的矛盾，论点与论据之间的矛盾，还有逻辑推理上的矛盾等。驳倒了对方的论证方式，就能指出其论点的不合逻辑。

如《"友邦惊诧"论》一文，作者在文章第二部分，针对论敌论点，逐层批驳；在第三部分，补写事实，驳斥论敌论据。

（二）议论文论证方法

立论的论证方法很多，常用的有举例论证、引用论证、对比论证、比喻论证、归谬论证等。

（1）举例论证法，即例证法。它是通过列举确凿、充分、有代表性的事例来证明论点、说明道理的方法。用来证明论点的典型事例，可以来自生活，也可以来自于书本。

（2）引用论证法，或称"引证法"。即引经据典地分析问题、说明道理的论证方法。引用作论据的道理或理论，既可以是文献中的精辟见解、古今中外名人的名言警句以及人们约定俗成的见解、理念，这些道理通常经过实践检验，具有很强的说服力；也可以是自然科学的原理、定律、公式，这些是人们从生产和科学实验中总结出来的自然规律，也能够有力地起到证明论点的作用。引用的方法有两种：一是明引，直接引用诸如名家名言等，明确交代所引内容的出处；一种是暗引，即不明确交代所引内容的出处，比如将一些众所周知的民谚俚语、公式原理，用自己的语言表达转述出来。引用方法可以灵活多变。

（3）对比论证法。对比论证是将两种相反的情况加以比较，在比较中说明事物的本质，并以此为论据来证明论点的一种方法。这种方法可以增强论证的鲜明性，使读者清楚作者赞成什么、反对什么。

在对比论证中，可比的因素很多：一种是纵比，即把历史和现状、过去和现在对比；另一种是横比，即把诸如此现象和彼现象、这个人和那个人进行对比；再一种是正反对比，即将不同事物作比较或对照，还有主次对比、轻重对比等。

（4）比喻论证法，即"喻证法"。比喻论证是以一种具体、生动、形象的事物做比喻，来证明较抽象道理的论证方法。运用喻证法要注意本体、喻体的相似性。鲁迅的《拿来主义》中把文化遗产喻为一所大宅子，列举一个青年对待大宅子的态度，来表达作者对文化遗产采取"拿来主义"的态度，形象而又生动，给人深刻的印象。

（5）归谬论证法。归谬论证是采用"以子之矛，攻子之盾"的批驳方法，先假设对方的论点是正确的，然后加以合理引申，得出荒谬的结论，来证明对方论点的谬误的方法。

（三）议论文布局结构

写好议论文，还要注意文章的布局结构。布局，即文章的思路。议论性的文章主要从逻辑关系角度展开论述，文章各部分的内在联系十分紧密，结构也主要以提出问题、分析问题和解决问题这样的顺序建立。一般是：

第一部分提出问题（引论），提出中心论点，点明题旨；

第二部分分析问题（本论），运用有关论据进行论证；

第三部分解决问题（结论），总结全文，强调中心论点，深化主旨，或提出希望和要求、发出号召。

议论文的开头一般先提出全文要论述的中心论点。常用的方法有：开门见山式，开头就提出论点，让人一目了然；名句引入式，即引用名人名言揭示中心论点，统领全篇；也有先摆出某种生活或社会现象，在分析的基础上提出中心论点；还有用设问开头，或用材料、故事、寓言引出论点等，不一而足。本论部分是对提出的问题进行具体分析，也就是运用论据证明论点的过程，它是论文的主体部分，有多种多样的结构方式，常见的有并列式和递进式两种。

（1）并列式结构。并列式结构是并列展开的论述结构，这种结构形式是指本论的部分或全部分论点采用并列的方式，将这些内容的次序相互调换，也不会影响文章主题的表达，也叫"横式"结构。如胡适的《文学改良刍议》，一个简单的绪论，加上一个同样简单的结论，中间八节本论，从"一曰须言之有物"到"八曰不避俗字俗语"，其内容是可以互相调换的，它们之间并没有严密的逻辑关系。

（2）递进式结构。递进式结构是逐层深入的论述结构，本论各部分的分论点之间有严密的逻辑递进关系，缺一不可，互相之间也不能随意变动，也称"纵式"结构。它是对问题一步一步深入的论证探讨。这种方法的长处是，能把要讲的道理论述深刻，增强文章的逻辑力量。如鲁迅的《论"费厄泼赖"应该缓行》，在解题之后，共有六节内容展开分析。这六节内容具有内在的逻辑关系，一环紧扣一环，逐步深入。要想把其中任何一节抽掉，都会使文章的说服力大减。

（3）混合式结构。混合式结构就是将上述两者融为一体的"递进并列式"或"并列递进式"的"混合式"结构。

当然，文无定法，采取何种结构，要看实际情况而定，以能最好地表达中心观点的结构为准。

议论文的结论部分，一般会在把问题分析清楚、透彻后重申结论，深化中心论点；或正视存在的问题，提出希望，以期改进和提高；或以号召收束，使论文产生很强的鼓动性和感染力。

三、说明文

（一）说明文要素构成

在各种文体样式中，说明文体是一种相对独立的类别——以说明为主是说明文与其他文体在表达方式上的区别标志。所谓说明文，就是说明对象的特点、本质及其发生、发展过程和规律性的文章。它通过对实体事物的解说，或对抽象事理的阐释，使人们对事物的形态、构造、性质、种类、成因、功能、关系或对事理的概念、特点、来源、演变、异同等有所认识，从而获得相关的知识。说明文可以有多种分类标准。如果根据说明文的表现手法，大体可以分为三类：

（1）从几个不同侧面来解说事物、阐释事理的阐释性说明文。有关历史地理、科学卫生、语言文艺等方面的知识性文字或教材、科学实验报告、器物使用说明等都属于这一类。

（2）通过简述概况或情节来介绍事物的述说性说明文。影视戏曲的剧情简介、小说和其他文学作品的内容提要，连环画或某些摄影照片的解说词等都属于这一类。

（3）运用形象化的手法来介绍事物、阐述事理的文艺性说明文。这类说明文具有较多的文学色彩。知识小品（或叫科学小品）、名胜古迹、文物的说明简介，甚至现在不少策划考究的楼书等都属于这一类。

一般说来，前两类的写法比较平实，重在对事物或事理条分缕析的解说。后一类的写法灵动活泼，富有情趣，多采用文艺笔调。

如果根据说明文的说明对象划分，可分为实体事物说明文和抽象事物说明文；如果按照说明内容的性质和写法划分，则可分为一般说明文和实用说明文，如此等等。

正如记叙文具有形象性、抒情性，议论文具有说理性、逻辑性一样，说明文具有说明性、知识性和实用性。

（1）说明性。所谓说明性，指的是说明文主要运用"说明"这一表达方式，侧重对客观事物或事理做如实的介绍、简要的解说，力求使人有所知。

（2）知识性。知识性指的是说明文写作的直接目的就是给人以知识或技能。知识性是说明文写作的出发点，也是它的落脚点。说明文以知识为核心，其内容不外乎是自然科学知识和社会科学知识以及人们日常生活、工作、学习所需要的知识。说明文写作必须体现科学性和客观性，如实反映客观事物，做到内容真实可靠、反映准确恰当、解说清楚明白。对客观事物或事理的解说阐释，一般不需要带上强烈的感情色彩或倾向，而必须冷静客观。

（3）实用性。实用性是就说明文的社会功用而言的。诸如法律条文的撰写、典章制度的编纂、天文历法的修著、生产知识的记录、工作经验的介绍、工具产品的使用等，都能体现说明文对社会生活生产各个领域所起的巨大作用。因此可以说，说明文与人们的社会生活密切相关。

（二）说明文写作要求

说明文以内容的科学性、结构的严密性、语言的准确性、选材的典型性，为其写作所要遵循的内在要求。

写说明文和写其他文章一样，必须明确写作意图、确立文章中心、充分占有材料，力求做到言之有物、言之有序，注意说明对象的特征、说明的顺序、说明的方法、说明的层次及语言特点。

1.抓住事物特征，把握说明中心

任何事物都具有自身的质的规定性，事物的特征是一事物区别于其他事物的标志。写说明文只有抓住事物的本质特征，才能把被说明的事物准确清晰地介绍给读者，让人们对事物有确切的了解。要做到这一点，写作者必须在写作前对被说明的事物做深入细致的研究，熟悉被说明的事物，认识并掌握被说明事物本身的规律性。

2.针对具体情况，选好写作角度

写说明文要求有的放矢。写什么、怎样写，要从读者的实际情况考虑，使文章具有针对性，切合读者的知识水平、职业特点和年龄大小。选取什么角度，要依实际情况而定，读者不同，写的角度也不同。

3.务求解说清楚、做到条理分明

说明文要把客观对象阐释解说清楚，要遵循事物本身内在的规律性与人类认识事物的相应规律，按照上下、正反、前后、内外、分合等关系，安排一定的说明序列，渐次解说，切不可颠三倒四、杂乱无章。

客观事物多种多样，说明顺序亦无定格。或从主到次，或从总体到局部，或以时间的推移，或以空间的转换，或分门别类，或逐层深入，或由此及彼，或由表及里，或由浅入深，或由现象到本质……其中最常见的有，时间顺序式、空间顺序式和逻辑顺序式等。

4. 语言准确简明，文字通俗浅显

说明文是以介绍知识性内容为主的，只有如实反映被说明内容的客观情况，才能保证知识的科学性。所以说明文的语言首先必须简要精当、平实周密，尤其运用专业术语必须恰当、准确。

说明文往往会介绍一般人不熟悉的内容，要把专门化的科学知识解说清楚，让人易于了解。因此，既必须做到深入浅出、通俗易懂，力避晦涩、艰深之语；又要避免抽象的科学术语或专业术语，转用比喻、拟人等修辞手法，增强文章的形象性、趣味性。

（三）说明文写作方法

1. 定义说明法

定义说明就是通常所说的下定义，即用简明、准确的语言，指出被说明对象的本质特征，揭示事物的特有属性，并与那些与之相混的其他事物区别开来。这是知识性说明文常用的方法之一。

定义说明的方法是一种科学的方法，要求表述准确、周密、严谨。应避免使用比喻的方式或否定的形式，如"书籍是人类的精神食粮""鲸鱼不是鱼"等。在定义项中，一般不能出现负概念，只有当缺少某种属性正好是某事物的独特之处时，才能有负概念。例如："无机物就是不含碳的化合物。"同时，定义项中不应包含被定义项，否则便成了循环定义，不能揭示被定义项的本质属性，不是真正的定义。

2. 诠释说明法

诠释，就是作解释，对说明对象的状况、性质、特征与功能等作简明概括的解释。它与定义法相近，但语言的表述没那么精确严谨，在内容和形式上也没那样严格。相比之下，诠释说明的范围比定义说明法宽泛，不要求必须揭示对象的本质特征，用起来也更自由一些。诠释说明的用语可长可短，有时具有描述性，有时具有介绍性。

3. 分类说明法

分类说明法就是把内容复杂的被说明对象，按照一定的标准划分成不同的类，然后逐类进行说明。

4. 举例说明法

举例说明法就是选取典型的有代表性的实例，对较复杂的说明进行解说或阐释。运用这种方法，可以把比较抽象复杂的事物或事理说得具体可感，容易被理解和认识。

5. 数据说明法

数据说明法就是引用数据对说明对象进行解说，以突出对象的性质、特点或功用。

6. 比较说明法

比较说明法是用两种或两种以上的事物加以比较，来说明事物特征的一种说明方法。有的事物比较抽象、比较陌生，因此，难以理解。为了把它说明白，就必须在生活中寻找与其有某些相似相通之处的、人们熟知的事物作比较，使读者有个由此及彼的理解。比较说明法有同类比较和异类比较两大类。

7. 引用说明法

在说明文中，适当引用一些材料，会使文章思路更加清晰、文字更加洗练、更具文采和说服力。引用说明法，就是援引文献资料、典籍、名言、诗词等，对说明对象进行解说或阐释。

8. 比喻说明法

比喻说明法，就是运用比喻手法对说明的对象进行解说，也就是用具体的或人们熟知的事物来说明复杂的或抽象的事物，使其浅显明白、易于理解。

9. 图表说明法

图表说明法，就是通过示意图或表格等形式解说说明对象。这种方法可使读者通过看图对文章的内容加深理解，具有直观性。

（四）说明文行文结构

说明文的顺序，一般采用先总说后分说，或先分说后总说的方式，也有由一般到特殊、由简单到复杂，还有时间顺序、空间顺序、逻辑顺序等。根据说明对象的不同特点，说明类文体的结构大致有三种类型：

（1）从空间角度安排结构。如果要说明的对象是一个占用空间位置较大或构造比较明晰的实体事物，文章的结构可以从空间角度，即构件的方位和构成的顺序来安排层次。

（2）从时间角度安排结构。如果要说明的事物是一个动态的过程，如某一事物的发展变化过程、某一人物的生平简历，就可以按时间先后为序进行说明。通过一些诸如"首先""这时""……后""结果""不久"等表示时间的词，让整篇文章的结构沿着时间的轴线往前推进。

（3）从逻辑角度安排结构。按照所介绍对象各部分的主次、轻重来安排顺序。比如先介绍要说明的对象的主要功能，再介绍次要功能；先说明事物的功能、特征，再介绍事物的形状、用途等。

比如高士其的《细菌的衣食住行》一文，就是先介绍细菌的衣，再介绍细菌的食，然后是细菌的住，最后介绍细菌的行。这其实告诉我们：首先是怎样识别细菌，其次是细菌如何生存，再次是细菌在哪里能被找到，最后是细菌如何传播。逻辑顺序非常清晰。

第二节　运思与行文

一、确定主题

（一）确定主题的要求

主题即文章表达的中心思想。在不同的文体中，主题有不同的名称。在记叙文体中，主题是指作品中通过人物和事件显示出来的中心思想，又称为主题思想；在说明文体中，主题是作者想要传达给读者的中心意图；在议论文体中，主题又可称为中心论点。

我们把主题喻为全文的统帅和灵魂，甚至把主题看作是决定文章品位的重要因素，所以提炼主题就显得尤其重要。一般说来，文章主题要求做到正确、深刻、鲜明、集中、新颖。文章主题或失当，或肤浅，或模糊，或涣散，或陈旧，都是写作的大忌。

1. 正确

主题正确是针对文章主题的思想性和科学性提出的要求。作者对生活要有正确的认识，文章的观点要经得起实践的检验，同时，能引导人们积极向上、正确地认识客观世界。尽管不可能要求文章的主题十全十美、毫无瑕疵，但也并不意味着作者可以不负责任地乱说一气。尤其对一些值得深思的社会现象，如果只是一味地抱怨、指责，而不加理性地思考、判断，就很可能会发生主题立意的偏差。

在国家公务员录用考试的写作中，文章主题的正确与否，在阅卷审核中是一个重要的写作要求和考核向度。毕竟，文章的主旨和观点，是最能直接体现写作者的精神状态、世界观、价值立场和整体素质的。

当然，强调主题的科学正确，并不意味着将主题拔得越高越好。硬性拔高主题的文章，容易给人虚假的印象。主题提炼，要求我们在生活事件中，透彻深刻地提炼出生动活泼而又新颖的思想，并以其为文章的生命、脉络、焦点、来进行艺术构思。

2. 深刻

深刻是作者在文章主题中表现出来的对客观世界的认识程度。鲁迅曾说过，写文章选材要严，开掘要深。这"开掘要深"就是对文章主题的要求，指作者对客观世界的认识要尽可能得深入、全面。任何客观事物，都包含着现象和本质两个方面，即能被我们的感官所感知的事物的外部形态，和通过理性判断才能获得的事物的内在本质。提炼主题的过程就是透过生活的表层现象，揭示事物本质、反映事物内在规律的过程。只有这样，人们才能对纷纭复杂的社会现象有一个深入的思考和分析，才能不被表面现象所迷惑，从而获得一个深刻而独到的文章主题。这种独立思考、深入分析的能力，是一个国家公务员必须具备的。

3. 鲜明

可以从两个角度理解这个要求。

首先表现为作者的写作态度要明朗、立场要坚定。在文章中赞成什么、反对什么，倾向和立场要清晰可辨。特别是涉及政治意识形态领域的观点，更不能含含糊糊、模棱两可。这是确保文章主旨鲜明的一大前提。

其次是文章观点要明确、要旗帜鲜明。尤其是议论文写作，要求有观点，而且是明确的观点，这样才能从中提炼出"正确的"观点。所以，如果对材料所蕴含的主旨把握不定、下笔不知所云，观点的鲜明、正确也就无从谈起了。

4. 集中

集中指文章的主题一般要做到一文一意，不枝不蔓，突出重点。虽然记叙文的写作有时可以突破这一框框，但说明文、议论文还是十分强调主旨的明确、观点的集中。我们经常说，一篇文章能解决一个问题已经是物有所值了。大到整体构架，小到修辞炼意，都应尽可能地围绕一个主题运作，"驱万途于同归，臻百虑于一致"，如此，文章才能做到千言万语而不繁乱。相反，如果在一篇文章中放入两个以上的主题，不仅会给写作增加不必要的难度，而且主题之间也难免会发生冲撞，令"众理"难调，让"群言"莫衷一是，乱哄哄一团糟，文章散乱而没有章法。许多考生应考时心绪不能平静，不待对主旨作明确的统筹，就仓促落笔，这样往往会东一榔头、西一锤子，实在是得不偿失。

5. 新颖

主题新颖是指作者在文章中传达的对生活的感受，要有新鲜感、要有创意，不能人云亦云，或简单重复前人的思想和对生活的见解。从信息论的角度看，写文章是一个搜集、整理、加工和传播信息的过程。而信息的生命之源，就是新颖。一篇让人耳目一新的好文章，或是材料新颖，或是用词新颖，或是主题新颖，三者必有其一。其中主题的新颖尤为重要。作文如果只是拾人牙慧，重复别人讲过的话，那么，即使文句再华丽，也不会是一篇好文章。

雕塑家罗丹揭示过艺术大师的"秘密"："所谓大师，就是这样的人：他们用自己的眼睛去看别人见过的东西，在别人司空见惯的东西上能够发现出美来。拙劣的艺术家永远戴别人的眼镜。"进行文学艺术创作是如此，写好一篇文章也是如此。一个写作者要做善于发现生活的有心人，这样才能在寻常生活中看见别人看不见的东西，同时也要尊重自己对生活的发现，相信自己的独立判断。

（二）确定主题的方法

1. 敢于大胆质疑索解

提炼主题，首先要敢于大胆质疑。真理并非总是和权威联系在一起的，真理面前人人平等。狂妄自大固然可笑，妄自菲薄更为可悲。既不能满足于流行的解释和现成的看法，也不能过分迷信从书本上得来的教条，而要勤于思索、努力发出自己的声音。对于每一个个体来说，只要奋发努力、施展出自己的聪明才智，就可以在人类认识真理的长河中，提出比前人更深刻的见解，对人类做出一份贡献。

2. 透过表象认清本质

马克思主义认为，本质和现象是事物客观发展过程的两个不同的方面。本质是事物比较深刻、比较稳定的内部形态；而现象则是能直接被我们的感官所感知的事物的外部形态，它是比较片面、肤浅和局部的，而且多变、易逝，甚至还掺杂着假象。因此，一个作者要想写出深刻的主题，就必须分清现象与本质，练就一双能透过现象看清事物本质的火眼金睛。

3. 拓宽思路，多角度思考问题

世界是复杂的，世界上的诸种事物并非如人们所想象的那样简单。从哲学的角度看，任何事物都是矛盾诸方面的各种联系的统一体，而矛盾的每个侧面又包含着多种角度。因此，我们只有拓宽思路，尝试从多种角度去思考问题、提炼主题，做到不因循守旧、不人云亦云，保持自己的独特立场和独特思考，才能写出与众不同、让人耳目一新的好文章。

（三）实例一则

根据上述提炼、确定主题的方法，我们可以看一下以下几个材料和从中整理出的一些主题。

现象：中年知识分子"英年早逝"。

事例：80 年代，"英年早逝"的知识分子有光学专家蒋筑英、数学家罗健夫等；21 世纪以后，这一现象有增无减。

胡可心，2001 年 38 岁去世时，已是中国科学院研究员、博士生导师、国家重大基础研究项目首席科学家助理。

萧亮中，中国社科院边疆史地研究中心学者，终年 32 岁。据《南方周末》报道，

2005年1月5日凌晨，萧亮中在睡梦中突然与世长辞。击倒这位年轻学者的，是过度的劳累和生活压力，以及他内心郁积着的焦虑。

焦连伟，清华大学电机与应用电子技术系讲师，终年36岁。据《新京报》报道，2005年1月22日晚，焦连伟突然发病去世。亲属及同事认为，这或许与他长期的超负荷工作、心理和生活压力过大有关。

高文焕，清华大学工程物理系教授，终年46岁。2005年1月26日中午，高文焕因肺腺癌不治去世。医生诊断认为，繁重的工作压力使他错过了最佳治疗时机。

何勇，年仅36岁的浙江大学数学系教授、博导，因"弥散性肝癌晚期"于2005年8月5日与世长辞。家属与学校同事公认，其死亡原因是过度劳累。据上海社科院最新公布的"知识分子健康调查"，北京知识分子平均寿命从10年前的五十八九岁降到调查时期的五十三四岁，比第二次全国人口普查时北京市的平均寿命75.85岁低了20多岁。

主题：

其一，中年知识分子具有崇高的革命理想，忘我的献身精神，精益求精的科研态度和共产主义思想的光辉；

其二，这是知识分子追求荣誉最大化的结果：职务职称、社会地位、经济收益；

其三，对知识分子英年早逝最应该反思的，其实是知识分子自己，在大多数情况下，与其说那些英年早逝的知识分子是被社会所累，不如说是被自己所累；

其四，工作压力大、生活负担重、精神包袱沉，这"三座大山"是让许多知识分子"不堪重负"、英年早逝的原因；

其五，目前学术评估机制的不完善、人才使用平台的不合理，使得知识分子工作环境不尽如人意；

其六，……

大家也不妨根据这些材料，自己思考体会一下。

二、选择材料

材料，是作文的基础，是作者从生活、学习和工作中搜集起来，可用来提炼和表现文章主题的事实和观念。任何写作，都不能缺少材料。材料积累得越充分，写文章就越得心应手。

写作前，充分、有效的材料是作者提炼思想、形成观点的基础。通常情况下，材料越丰富，主题的提炼就越便捷、越容易。写作时，材料又是表现主题、证明观点的依据。在文章的写作过程中，作者获得正确的"认识"是一回事，把这种认识"表达"

出来，使它能够为读者所理解、所接受，从而具有较强的说服力和感召力，又是一回事。一个作者在生活中获得了写作的材料，经过仔细深入的分析和提炼后，提取了比较深刻的主题思想，这只是写作的第一步。而当要把这一主题思想告诉读者时，还有一个说服读者使之相信的过程。俗话说"空口无凭"，写文章也是这样。没有生动的材料，就没有富有说服力的证据，要想读者轻易接受你的思想，是不可能的。

（一）材料的分类

材料可分成两大类：事实性材料和观念性材料。

1. 事实性材料

所谓事实性材料，是指客观存在的或书本提供的具体事物，包括人物、场景、事件，也指统计数据等材料。在记叙文写作中，大量使用的就是这类事实性材料；而说明文，对事物客观形态、统计数据等事实性材料的使用也十分普遍；在议论文写作中，事实性材料更是论证观点的重要依据。许多提供事实性材料的作文本身，就要求使用这些事实性材料、让实例说话。

2. 观念性材料

观念性材料又被称为理论材料，它是来源于人们的社会实践，并在人们的社会实践中得到检验的观点。凡是经过实践验证并具有一定影响的人类思想成果，都可以成为人们写作时的观念性材料。

观念性材料大致可以分为两种：一种是经过科学实验证明的科学材料；另一种则是人们在日常生活中约定俗成、被大家公认的常理。前者主要指科学原理和公理定式；后者常表现为民间的俗谚、格言、成语、古典诗词名句等。一些名人名言，由于说话人本身的权威性，也成了不证自明的公理。这些可以说是议论文写作的法宝。所以平常的时候，大家就可以有意识地进行一些搜集和积累，以备不时之需。

（二）材料的搜集

陆游在论诗时曾说："功夫在诗外。"这句话有两层意思：第一，要提高诗人的整体文化素质；第二，要做好写作的前期准备工作，主要就是材料的搜集和主题的提炼。

搜集材料，古人又称为储材。储材是顺利完成写作任务的重要前提。一个有经验的写作者，平时会注意搜集、存储尽可能多的写作材料。如此，在提笔写作时，就能得心应手、挥洒自如了。

对于写作而言，储材的现实意义有三：

第一，大量吸取各种信息，保证作者在写作时材料充实、新颖，文章言之有物。

第二，对于作者来讲，只有对搜集到的材料进行整理、体验、感悟、读解，才可能把外在的写作材料变成自己内在的东西。所以搜集材料的过程，就是一个积累写作能量、寻求写作动机的过程。

第三，触发写作冲动，增加写作热情。写作是一种特殊的劳动，它需要能力，需要技巧，也需要想象和灵感。触发创作冲动的媒介很多，材料无疑是其中最重要的媒介之一。

写作材料的搜集，从来源上讲，主要有生活材料、书面材料和实验材料三大类。所以写作材料的搜集方法，相应也有观察、体验、调查采访、阅读、实验等几种。

1. 观察

所谓观察，就是用眼睛仔细地察看、了解客观事物或客观现象。据科学家研究，人对外界的感受，有 80% 来自视觉。观察是认识的基础。一个人只有对周围事物不断地观察，才能全面、正确地认识我们所处的世界。

首先，观察与一般的"看"不同。观察不仅要求很仔细地"看"，而且在"看"的过程中，还要联想、推理、判断。所以观察是仔细地"看"，再加上内心的揣摩、体会、感受，是一种伴有积极思维活动的行为，是一种有目的的"看"。

其次，观察要能够透过现象看本质。我们生活的世界极其丰富多彩，写作的材料取之不尽。但是，一个人看眼前的世界，看到的往往是表象，甚至还是假象。如果人们被这些表象、假象所迷惑，那么这些"材料"对文章主题的提炼、对文章最后的撰写完成，都是很不利的。所以我们在平时观察生活的时候，不要浅尝辄止，而要多问几个为什么，特别是在长期的观察实践中，要不断提高自己识别生活的能力。在这个过程中，观察者的阅历和经验是必不可少的。

再次，还要用实事求是的态度进行观察。观察是一项严肃的工作，必须坚持实事求是的科学态度。生活中富有特征性的闪光的东西、真实生动的细节，只有在细致的观察中才能被准确地把握。

最后，要抱着兴趣，抱着对世界、对生活感恩的心态，去观察世界。现实生活中，人们都有这样的经验：只有对某个对象有兴趣、有感情，你才能认真地对待它。人们相信"情人眼里出西施"，是因为情人最善于发现对方身上的吸引力，而这种"发现"，显然与两情相悦有关。对生活的观察也是一样，喜欢它、爱它，才能善待它，才能处处做生活的有心人。

2. 体验

体验就是主体通过实践的方式来认识周围的事物，感同身受地进入生活、了解世界的方式。体验可分为间接体验与直接体验。

间接获得的材料，可能会很完整，但也往往给人一种僵硬、教条、不够感性的感觉。

而直接的生活经验，如作者切身的感受、体验、情绪、记忆，在记叙文的写作中无可替代：第一，可以直接进入创作，成为塑造形象、创造意境的艺术材料。许多记叙文的写作，作者使用的几乎都是自己的生活材料，它可以使作文更真切、自然；第二，它可能成为了解和理解间接生活的依托和条件。间接得来的材料，作者必须把它融入自己的生活体验，才有可能激活对象，从而完成艺术创造。

对于议论文写作而言，体验同样具有十分重要的作用——由体验获得的材料，其无可比拟的真实性，能有效增强文章的现场感和说服力。

3. 阅读

阅读，即通过看书、读报的方式搜集材料。人的一生，无论从空间还是时间来讲，活动的范围都十分有限。因此，仅仅依靠个人的观察、体验，搜集到的写作材料也将十分有限。而能以文字为媒介来记载并传播文明，被认为是人区别于动物的最根本所在。作为人类收藏和交流知识与其他信息的最重要的工具，传统的纸质媒体和今天的电子媒体，都能为写作者提供最丰富的写作材料。

4. 调查采访

调查，是人们为了了解客观实际情况而进行的考察；采访，则是人们为了搜集材料而进行的一种特殊的调查研究活动，现在专指媒体记者为了搜集了解新闻材料而进行的调查活动。调查采访，是议论文和记叙文写作时搜集材料的重要方法，说明文写作也可用这一方法获取依据和资料。

调查采访应该坚持科学的态度。调查采访与观察体验不同，观察体验是在自然条件下，写作主体直接感知客观事物，主体与客体之间有着直接的交流；而调查采访是写作主体通过口头或书面的方式，从当事人或知情人那里获取信息，需采取实事求是的科学态度，认真地甄别材料。

调查采访的方法主要有两类，第一类是访谈法，另一类是问卷调查法。其结果可以为写作提供最切实的内容和依据。

（三）材料的剪裁

搜集写作材料，要求材料尽可能丰富多样。如此，在提炼主题时，能有厚实的基础；在运用材料时，也有较多的选择余地。但当你提笔开始写作时，在材料的选用上还是要小心谨慎。材料的使用与文章的主题、文体、作者想达到的艺术效果等密切相关，绝不能搜集到多少材料，就使用多少材料。大体上说，文章材料的剪裁，要遵循以下几个方面的原则。

1. 材料应与主题相统一

一般来说，观点来自于材料，是作者在占有大量的材料之后，经过分析、整理，从中发现客观规律，从而形成文章的主题。当然也有如胡适提出的"大胆假设，小心求证"的方式，即作者在只占有少量材料的前提下就确定主题，然后在写作过程中再寻找合适的材料加以论证。但无论哪一种观点的形成，都和材料有密切的关系。

因此，选材的第一条标准，就是看选用的材料是否切题。因为文章总是围绕主题运作的，与主题无关的材料就会失去意义。但凡能够很好地表达主题、实现作者的创作意图的材料，就予以选用；但凡与主题无关或关系不大的材料，无论多么生动感人，无论如何讨人喜欢，也必须舍弃。

2. 材料应该具有典型性

所谓典型材料，是指能够反映事物本质的、具有广泛代表性的、有巨大说服力的事实材料和理论依据。因为文章篇幅的限制，所以我们要善于将尽可能精致、典型的材料写入文章，而舍弃那些大同小异的。而且，从读者的角度来看，一个只需一两个例子就能说明的道理，如果堆砌了过多的材料，不仅不能更深一步地说明道理，反而会因为累赘和冗长而造成读者在信息接收上的疲劳，效果适得其反。这在议论文写作中尤其需要注意。

当然，记叙文的写作也是一样。鲁迅曾说过："忘记是谁说的了，总之是，要极省俭的画出一个人的特点，最好是画他的眼睛。我以为这话是极对的，倘若画了全副的头发，即使细得逼真，也毫无意思。"鲁迅在这里所说的"眼睛"，就是"典型的"写作材料。

3. 材料应该真实

文章中使用的材料必须真实。对议论文、说明文写作而言，文章所使用的事实材料，必须确有其事，无论有怎样冠冕堂皇的理由，也绝不能任意杜撰和更动；所引用的理论材料，也应该有确切的出处，不能做随意的删改或不负责任的断章取义。

较接近审美文体的记叙文，可以体现"艺术真实"。艺术真实是对生活的"逼真"，也就是毛泽东所说的"源于生活又高于生活"。作者可以概括生活、提炼生活，从而使作品比实际生活更鲜明、更强烈、更集中，但仍需遵循"忠于生活"的原则，特别是在细节描写上，更要注意真实，否则会让文章失去真实感。

4. 材料应该新颖

所谓新颖，是指材料要有新鲜感，最好是别人没有使用过的，至少使用时的角度与别人不同。新颖、生动的材料，是使文章新鲜活泼的重要条件。从接受心理的角度看，读者往往"喜新厌旧"。主题陈旧，固然可憎；材料陈旧，也难讨读者的喜欢。我们生活在一个高速发展的现代社会，新生事物层出不穷，能够写入文章中的新人、新事、新成果、新经验、新思想每天都在大量涌现，关键是作者要花工夫去寻找。

每年的高考作文，虽然命题者在出题思路上尽可能有所区别，但每年答卷中看到的内容、材料却往往大同小异：屈原投江，司马迁修史，西绪福斯的石头，牛顿的苹果……几乎是年年一样的老面孔。考生们千篇一律的回答，固然是应试教育指挥的结果，但也是其自身"两耳不闻窗外事"生活阅历有限的结果。虽然确有部分考生因此"事半功倍"，但是参加国家公务员考试的我们，应该以此为鉴，尽量避免材料的陈旧和过于大众化。

当然，任何一个写作者，都无法保证自己文章使用的材料是未经别人使用过的。因此，如何把旧材料推陈出新，也非常重要。如余秋雨 80 年代以后创作的文化散文，把陈旧的历史材料和个人的游历感受结合起来，从而在这些材料中咀嚼出了新意，使旧材料变成了"新材料"。

三、构思写作

（一）打腹稿

许多人不习惯事先的严密思考，往往拿起笔就写，写一句、想一句，写一段、想一段，"脚踩西瓜皮，滑到哪里是哪里"，考场作文尤其如此。这样写成的文章，难免有东拼西凑、东拉西扯的硬伤。而下笔之前有一个短暂而严密的构思过程，就会使其后开始的写作变得顺利得多。俗话说，"磨刀不误砍柴工"，构思就是为正式写作"磨刀"，这是非常重要的准备工作。

公务员考试作文时间非常紧迫，最多也只能在一小时左右完篇，不可能从容不迫地起稿、修改、誊正。所以短时间的构思就显得非常重要。

构思分为两个阶段：探索期和定型期。探索期即刚开始的构思阶段，文章的轮廓还没有形成，是作者思维最活跃的时候。面对大量的材料，要写的文章却还是一纸空白。一切都刚刚开始，一切可能性都会在眼前出现。这个时候，作者可以趁着思维没有限制，多考虑几套方案，对文章的可能结果做多方面的设计，打腹稿或随意地纸上涂鸦都可以，以便裁取。

所以这构思的第一步，就俗称"打腹稿"，就是在尚未落笔写作之前，对文章写什么、怎样写的一种凝神思索的心理过程。所谓"腹稿"，指的是孕育在作者头脑中的文章的雏形。而"打腹稿"，即对文章所做的整体设计。打腹稿的过程，就是初步安排文章总体结构的过程。

初唐四杰之一的王勃，每每作文之前，并不急于下笔，而是"令人磨墨数升，引被掩面而卧，忽起，一笔书之，初不窜点"（《新唐书·文艺传》）。其实他不是在蒙头睡觉，而是在构思、打腹稿。王勃"梦"中作文的故事，一直被人们传为佳话。

如何打腹稿？古今中外名家在这方面有很多经验和趣闻。宋代文学家欧阳修打腹稿是在"三上"，他说："余平生所作文章多在三上，乃马上，枕上，厕上也。"在这"三上"时他并没有执笔成文，而是"盖唯此可以属思尔"。"思"就是构思，也就是说欧阳修是在"三上"构思文章腹稿的。鲁迅先生说："静默观察，烂熟于心，然后凝神结想，一挥而就。"鲁迅也强调了打腹稿的重要，即使是三五百字的短评，他也不是摊开纸就写，而常常是早晚饭前后，一言不发地躺在躺椅上打腹稿。

那么，打腹稿该打些什么？

（1）仔细审题。要认真思索，搞清楚作文题必须写什么，抓住题眼，理清题目限制的人称、时间、选材范围、体裁等。这是打好腹稿的第一步，也是关键的一步。

（2）精心立意。要搞清楚文章的主题是什么，要选择哪些典型、恰当、足以表达题意的材料。

（3）巧于剪裁。这主要是指文章的谋篇布局。怎样开头、怎样结尾，总体有几个层次，先写什么、后写什么，详写什么、略写什么，等等，都要经过粗略的安排。

不过，用打腹稿的方法来构思写作，一般只适用于写作篇幅短小、便于一气呵成的文章。写较长的文章或者需要深思熟虑的文章，还是应该先在纸上列好提纲，进一步酝酿、构思，然后再一节一节往下写。

（二）列提纲

经过短时间的"构思探索期"，我们必须在"腹稿"显示的多种可能中，选择一种最佳模式，并为之"定型"：确定文章的总体结构轮廓，选定恰当的体式，设置完整的情节线索或逻辑线索；同时，充分考虑文章的细部，诸如采用哪一种结构形式，大致写几个段落、分多少层次，前后的呼应与照应，材料的调整与组合等——这就是构思的第二步：列提纲。

列个简单的写作提纲，哪怕寥寥几笔，也要做到心中有数。提纲是构思的外化，实际上相当于是用序码和文字符号组成的一种图表：根据"腹稿"阶段大致确定的题目要求和文章的整体结构，给文章分几个段落或层次，以短语或词组记下每段的主要内容，不必过于详细，自己明白即可。

提纲的作用在于使构思视觉化以指导写作，可以使杂乱无章的材料变得井然有序，让接下来的写作有切实的依靠；列提纲还可以使写作紧扣主题而不跑题，写作前做好"布局谋篇"的构思工作，成文自然就不会出现结构方面大的问题了；列提纲更可以节约时间，提高写作效率，在考场上，还能省去草稿、誊抄的时间，做到一气呵成。

列提纲，既有写作习惯问题，更有写作能力问题。平时要加强训练，形成列提纲的习惯，提高列提纲的能力。

（三）写作

在平常的写作过程中，写作其实包含了初稿、修改、定稿这样几个阶段，有时还要数易其稿。很少有文章一口气写下来，一字不易就能定稿的。反反复复、甚至大刀阔斧地修改，并不是一件让人难堪的事情。古人作诗行文的苦苦"推敲"，正是作文的一大秘诀；而如今人们利用电脑写作，使修改作文变得更加方便：无论怎样修改都不需忍受誊抄的麻烦，以至许多人写文章，不修改到每一字都妥当、每一句都熨帖，似乎就没有办法停止。

但公务员考试的作文，却要求在有限的时间里完成。所以，一方面，时间紧迫到无法修改完善；另一方面，作文好坏又直接影响考试成绩。面对这一矛盾，考生们只能迎难而上。俗话说，"台上一分钟，台下十年功"。考场写作相对来讲，还是颇能显示考生的写作基本功的。

写作其实没有秘诀，除了平时的积累。这些积累除了材料的积累，还包括审美观察能力的积累，推理思维能力的积累，情感想象能力的积累，语言表达能力的积累等，不一而足。

这些能力的培养，确实不是依靠几部写作技巧参考书、几道写作训练题就可以完成的。除了人的天赋之外，更重要的是在实际生活中不断提升自己。所以从今天起，做一个关心世界、关怀他人的人，做一个渴求真理、渴望知识的人，做一个天马行空、自由纯粹的人，做一个情感充沛、联想丰富、有独立意志的人，或许，这才是成为一个写作高手的第一步。

另外，写作还需要体现不同文体的写作特点。记叙文有记叙文的写作风格，说明文有说明文的写作要求，议论文也有议论文的写作特点。完全不顾文体要求，甚至写成"四不像"，即使可能会有让人眼前一亮的形式创新，但也毕竟有冒险之虞，考场上尤其要小心。

第三节　写作技巧

一、拟题与首尾

（一）拟题

古人最初作文，并不讲究题目。比如《诗经》，一般都用首句称其目，即把每首诗的头一句拿来当标题。比如硕鼠硕鼠，无食我黍，这首诗便叫《硕鼠》；坎坎伐檀兮，置之河之干兮，这首诗就叫《伐檀》；蒹葭苍苍，白露为霜，所谓伊人，在水一方，这首诗不叫更有诗意的《在水一方》，而叫无甚趣味的《蒹葭》。到了秦汉以后，人们渐渐掌握了标题艺术，不仅把命题作为写作的重要组成部分，而且把标题看成文章的旗帜。

在今天人们的眼里，题目是文章的眼睛，是文章传递信息的显要部分。它位居文章结构之首，其优劣会直接影响读者对文章的第一印象，有先声夺人之效。所以拟题要符合文义，要用简洁凝练而又意蕴深长的文字，吸引读者眼球。一个好的标题，不但有助于文章的展开，而且能增强文章的感染力和吸引力，给读者留下深刻的印象。

考场作文，题目的重要性更是不言而喻。但不少考生却并不特别重视拟题，往往套用一些现成的题目，比如记叙文就用《记××××》《我的××》，议论文就用《××××浅谈》《小议××××》，说明文直接就用说明对象。这样拟题当然不失为一种简单快捷的操作，但实际也是一种懒惰的、容易让人产生审美疲劳的做法。

总地来说，标题切忌肤浅，切忌就事论事或偏离文章中心。好的标题应该醒目、新颖，让人一目了然，又让人耳目一新；或简洁精练，给人以深刻的印象，也能给人广阔的想象空间。

那么，怎样才能拟出能称之为"文眼"的标题？我们可以尝试以下几种方法：

（1）引用法。或引用文章中主要人物的话，如《为中华崛起而读书》，既能概括周恩来的志向，也能更加突出作品人物的精神风貌；或引用古籍名著中的名言名句，如《青山处处埋忠骨》，引自《后汉书·马援传》，既很好地表现了毛泽东的博大胸怀，又能让人从引文特有的诗意哲理中体会特定的蕴涵；甚至借鉴或引用流行歌曲或俗语、民谚中一些影响特别广泛的文字，像《常回家看看》《我的未来不是梦》等，如稍加改动，也能产生特殊的效果。

（2）象征法。像《丰碑》《小橘灯》《丑石》这样象征意味浓郁的题目，既显得含蓄有味，又能让人产生联想，丰富文章的主旨。

（3）比喻法。比喻法即采用比喻的方法，用常见的事物作比，把文章较深刻、复杂的内涵表述得通俗易懂，有化难为易的功能。如《打扫房子和洗脸》《开动机器》等。

（4）对比法。如《歌德与缺德》《趋时与复古》等，因为文章标题的鲜明对比，很能造成悬念，引起读者的好奇心，吸引读者去阅读。

（5）修辞法。用设问、反问、借代、呼告、反语等修辞手法拟题，效果也极明显。比如鲁迅的《我们现在怎样做父亲》《智识即罪恶》都能给人强烈的视觉冲击。

（6）概括文章主要内容法。概括文章主要内容法即从标题就能对文章的主要内容有个大致了解。如《鲁提辖拳打镇关西》《论雷峰塔的倒掉》《从百草园到三味书屋》等。

（7）用文章中的主要人物、事物当题目。如《范爱农》《珍珠鸟》等，突出文章的描写对象，让读者的眼光聚焦于文章的主要人物或事物。

（二）开头

一篇文章的开头和结尾都很重要。元代陶宗仪说："乔孟符吉博学多能，以乐府称。尝云：'作乐府亦有法，曰凤头、猪肚、豹尾六字是也。'大概起要美丽，中要浩荡，结要响亮。尤贵在首尾贯穿，意思清新。"明代谢榛认为，"起句当如爆竹，骤响易彻；结句当如撞钟，清音有余"。

开头的重要性表现在两个方面。从写作的角度看，文章开头是取势之道，"良好的开端是成功的一半"。开头对文章有定调的作用，好的开头能激发作者的灵感，有利于作者展开论述，不致出现主旨不清、中途转换论题等作文大忌。从阅读的角度看，开头作为文章的门面，直接决定着能否吸引读者。好的开头能帮助读者抓住要领，领会文章的主题思想，并能被引入其中，一睹为快。开头可以分成两种类型，一类是开门见山、直奔主题的写法。尤其是考场作文，明确要求入题要"快"，如果下笔千言还离题万里，很可能陷入被动。这一类开头常见的有这样几种：

（1）直接阐明主题。文章一开始，作者就点明主题，然后再展开分析与阐释。

（2）用交代写作动机或写作背景的方式点题。如鲁迅的《看镜有感》："因为翻衣箱，翻出几面古铜镜子来，大概是民国初年初到北京时候买在那里的，'情随事迁'，全然忘却，宛如见了隔世的东西了。"因为偶然间翻出了几面铜镜，才"看镜有感"，话题就是从这面铜镜上来的。再如朱自清的《背影》："我与父亲不相见已二年余了，我最不能忘记的是他的背影。那年冬天，祖母死了，父亲的差使也交卸了，正是祸不单行的日子……"一开始就交代了写作背景。

（3）挑明论敌的观点，再进行批驳。这是论战性文章（驳论）常用的开头。比如鲁迅的著名杂文《"友邦惊诧"论》，就是以亮出国民政府"友邦人士，莫名惊诧，长此以往，国将不国"的谬论开头的。

（4）开头总说，进入正题。这种开头，先扼要地揭示文章的中心，然后再展开论述。如果是记叙文，可以先概括介绍写作对象，给读者一个总的印象，再进行具体的描写。如碧野的《天山景物记》："朋友，你到过天山吗？天山是我们祖国西北边疆的一条大山脉……如果你愿意，我陪你进天山去看一看。"这种开头的好处，就是让读者知道作者要说一个什么问题、写一件什么事情，阅读前心里先有个框架。

另一种开头的类型可以称作曲径通幽、形象导入，也就是不直接涉及文章的中心或主要内容，而是从相关的其他方面写起。常言道"文似看山不喜平"，应该就是对这一类开头的肯定。常见的有这样几种：

（1）通过对环境的描绘，引出人物、展开故事。环境的描绘包括对自然环境的描写和对社会环境的描写。比如鲁迅的《药》，以环境描写开头，为全文定下阴沉冷清的基调；而孙犁的《荷花淀》，则在一种诗情画意的氛围中，引出人物和故事。

（2）用抒情的方式渲染气氛，进而展开叙事或议论。

（3）借诗词、谣谚、笑话、传说等做叙事的开端，类似民歌常用的比兴手法。但所引诗词、谣谚通常都要与文章的内容有一定联系。引子之后，用一句过渡句很自然地进入文章的主要部分。赵树理的《小二黑结婚》开头的两个故事——"不宜栽种"和"米烂了"就是与"小二黑结婚"的故事若即若离的一个引子。

（4）使用富有艺术性的修辞手段，以达到良好的开端。如鲁迅《秋夜》的开头："在我的后园，可以看见墙外有两株树，一株是枣树，还有一株也是枣树。"平中见奇，耐人寻味。

（5）把故事的结局作为文章的开头，即倒叙法。这在记叙文写作中也经常可见。

（三）结尾

文章的结尾有时比开头更重要。由于阅卷者看完结尾后即开始打分，因此，它的好坏直接影响到阅卷者的评分心理。清代的李渔曾说："篇际之终当以媚语摄魂，使之执卷流连，苦难遽别。"结尾如能达到此种效果，将使整篇文章增色不少。所以我们写作时，对文章的结尾万不可掉以轻心。

结尾是全文内容发展的必然结果，是文章结构的重要组成部分。好的结尾当如豹尾，响亮有力、令人警醒，也引人深思。如鲁迅的《论雷峰塔的倒掉》，结尾只有两个字："活该！"短短两字，可谓简洁之至、力透纸背。结尾大致也可分为几种基本类型。

（1）总结性的结尾。这类结尾就是把文章的主题思想，用极简洁的语言，在文章结尾处作一强调或总结，即所谓卒彰显志。对文章而言，有画龙点睛之妙。这类结尾要求能有力地收束全文，突出中心论点；要体现全文结构的紧凑、完整，既不致虎头蛇尾，也不致画蛇添足；语言要干脆有力、清音留响，富有启发性和鼓舞性。

（2）对未来的展望，鼓舞读者的斗志。这类结尾要避免兀自拔高、空喊口号。否则，非但起不到应有的励志鼓气的效果，反而让人心生厌恶。

（3）用篇末点题的方法，收束全文。如朱自清《背影》和巴金《爱尔克的灯光》的结尾，都是用诗一般的抒情语言点明题旨，让人浮想联翩。

（4）用富有哲理的议论或景物描写，造成一种含蓄委婉、富有余韵的效果。如鲁迅的《故乡》："我想：希望是本无所谓有，无所谓无的。这正如地上的路；其实地上本没有路，走的人多了，也便成了路。"看上去很简单的几句话，却蕴涵深意、令人回味。

（5）对事件或人物作简单的交代，适合我国读者的阅读习惯和趣味。有的作品甚至在交代了故事结局后，还要补充叙述故事所产生的影响。

（6）语结而意不结，意在言外，给读者留有回味和思考的余地。比如沈从文《边城》的结尾："这个人也许永远不回来了，也许明天回来！"相信许多读者就是被这个结尾真正打动的。

二、层次与段落

所谓层次，指的是文章思想内容的表现次序，也可以称作意义段、结构段、逻辑段或部。它体现了作者思路展开的步骤，是事物发展的阶段性、客观矛盾的各个侧面、人们认识和表达问题的思想进程在文章中的一个反映。在一些较长篇幅的文章中，层次往往通过列小标题的形式表现出来。从文章构思的角度看，层次比篇章小，而层次自身还可以再分出更小的层次。

段落又可称为自然段，主要的标志是换行。它构成了文章的基本单位，是文章思想内容在表达时，由于间歇、转折、强调等情况所造成的文字的停顿。

层次与段落的区别在于，前者着眼于文章思想内容的划分，后者侧重于文字表达的需要。一般来说，层次大于段落，通常要几个段落组成一个层次；也有层次与段落一样大的，也就是一个层次等于一个段落。在有些文章中，也有段落大于层次的现象，即一个自然段中包含两个以上的"层次"。

在中文里，自然段是随着现代白话文的诞生而出现的，古文是不分段的。设置自然段，既是为了表示相对完整、单一的意义，也是为了使文章的层次、结构在读者视觉上形成更加明晰、醒目、节奏变换、活跃的印象。因此，我们写作时给文章换行分段，要注意长短适中，不要把每一段分得太长或太短。当然也要考虑表达的需要，不必一味四平八稳。比如瞿秋白的《一种云》，全文四个自然段，不到 700 字，其中第二、三段都没有超过 10 个字，而第一段却长达 500 多字，占全文篇幅四分之三以上。

所以，尽量让每个段落都保持段意的单一性和完整性，不要把应该在这一段说的话留到下一段去说，也不要把下一段要说的话随意提上来说。段落、层次清晰的文章，无疑会带给读者一股可人的气息。考场作文尤其应该利用这一点。

三、过渡与照应

（一）过渡

过渡，是指段落与段落或层次与层次之间衔接和转换的形式，它起到承上启下、穿针引线的作用，使文章的内容连接得更紧密、结构更严谨。文章需要过渡的情况，主要可分成两大类：

1. 文章的内容转换时，需要使用过渡。

在议论文中，过渡常常表现在某个逻辑段与另一个逻辑段的衔接上。相应的过渡和衔接，既能使文章层次之间有明显的区别，又能使上下文之间有紧密的勾连。较长篇幅的论文，过渡可以通过各层次列小标题的方式明确标志出来；也可以采用层次之间空行的形式，比如冯雪峰的《简论市侩主义》等。如果篇幅短小，直接用一些表示衔接的关联词即可奏效。

在记叙文中，内容转换的表现形态更复杂一些。如时空的转换、所叙事件的改变或人物的变换，通常都使用过渡的手段来衔接。有的用一句话过渡，有的用一个甚至几个自然段过渡。

当然，也有许多文章不使用过渡，只用空行的形式给读者以启示，比如孙犁的《荷花淀》、余华的《活着》、王小波的许多作品等，有的甚至不留任何痕迹。这样的情形在当下的写作中越来越常见，被认为是一场"给文本留下空白、让读者参与叙事"的叙事革命。

2. 文章的表现形式变化时，需要使用过渡

在描写、记叙、议论、抒情和说明等五种基本写作手法变换时，经常要使用过渡。当文章从概述到详述，从顺叙到倒叙、补叙或插叙。总之，当文章转换表现手法的时候，都可以使用过渡的方法。当然，使用与否、如何使用是因文而异的。

过渡的形式有三种，即过渡词、过渡句和过渡段。如"总而言之""综上所述""由此观之""因此""所以""然而"等词语，在文章中常常充当过渡词的角色。过渡句可以在某段话的最后，可以在某段话的开头，也可以自成一段。自成一段的过渡句，也被人看作过渡段，不过常见的过渡段要稍稍长一些。过渡段除了起承上启下的作用外，它自身还包含着一些较为具体的内容，如概括上文的大意，或简单提示下文的内容。

（二）照应

照应是指文章前后内容上的关照与呼应，它不但使文章的文脉贯通，还能强化文章的重点部分，给读者留下深刻的印象。

1. 首尾照应

首尾照应即文章的开头与结尾互为呼应。比如林语堂的《祝土匪》，开头写莽原社朋友约稿，看似闲笔，却在结尾将其与作者祝福的"土匪"联系在一起，指出正是这些"生于草莽，死于草莽，遥遥在野外莽原"的"土匪"敢于"为真理喝彩"，一下子挑明了文章主旨。

2. 前后呼应

前后呼应即在文章的某处设下伏笔，然后在下文中给予呼应。古人把这种结构方法称为"草蛇灰线"法，意指在文章前面像草蛇灰线那样隐约埋下伏线，而在下文予以照应。这种结构方式能有效强化文章的整体感。茹志鹃的小说《百合花》中，小通讯员衣肩上挂开的那个破洞，就是一个前后呼应的细节，把小通讯员和小媳妇的形象刻画得十分鲜活感人；《孔乙己》中掌柜记挂的"十九个钱"也多次出现，与孔乙己的命运连在一起。

3. 照应题目

照应题目即行文呼应题目，提起读者对题目的注意；同时，呼应题目的这部分文句也会因此而突出，成为所谓的"文眼"。另外，解题也是照应题目的一种方式。有些文章的题目比较朦胧隐晦，或较易引起人们的误解，就需要在文中给予一定的说明。如鲁迅《论"费厄泼赖"应该缓行》第一节的小标题就是"解题"，说明这篇文章的主题是"应打落水狗"，取了这个题目，只是"为回避触目起见"。

四、语言和修辞

（一）语言

语言是思想的表现形式。写作者有关写作内容与形式的一切思考，最终都只能借助于语言的运用。从这个意义上来讲，所谓写作能力，最基本的就是语言的运用能力。

1. 语词的锤炼

在运用语言来反映客观事物和表达思想感情时，同一个意思可能有许多相类似的语词可以表达。但当这些语词出现在特定的语言环境中，在感情色彩、意义侧重、语义宽窄、前后搭配和使用上，一般都存在或多或少的差异。使用不同的语词，会有不同的表达效果。所以写作时往往要对语词的意义、色彩等进行品味、辨析、比较，我们将这一过程叫作语词的锤炼。

（1）准确贴切。只有语言表达准确，才能正确地描摹事物、清楚地说明道理。所以应该精选最准确的词语来叙事、状物、表情、达意，要做到这一点：一方面，在下笔之前，应对所要反映的事物进行细致的观察、深入的体味，把握其基本特征；另一方面，则应从自己的语库中挑选最恰当的词去表现，把具体的景象准确地传达给读者。词语要用得准确，必须对所使用的词的含义有确切的理解，要善于辨析词义、词性，注意区分单义词和多义词、同义词和近义词，摸透词的用法，并仔细选用。

（2）形象生动。读者能兴致盎然地读一篇文章，其语言的生动性起了极大的作用。体现在语词的提炼中，往往是对形象、色彩、音响、感触等的描摹，对同义词或反义词的适当选用，使得所描绘的对象生动鲜活，让人如临其境。

（3）注意语词的感情色彩。语词的感情色彩，就是语词的褒贬色彩，反映着人们对客观事物、客观现象的态度和立场。当然，有时为了达到某种修辞效果，可采用褒义贬用或贬义褒用的方法，既表现幽默风趣，又恰到好处。在说明文写作时，则应尽量使用不带主观感情色彩的中性词语。

（4）注意词语的语体色彩。语体色彩是指某一语词经常运用于某种特定环境时，形成的附加色彩。其主要分口头语色彩和书面语色彩。如"爸爸""中饭"带有口头语色彩；与之相同或相近的"父亲""午餐"，则带有书面语色彩，显得庄重。所以应根据文体特点、语言环境来选择适当的语体色彩。一般而言，口语色彩的语词可用于记叙文写作，使人物、事件生动传神、富有生活气息；而议论文、说明文、科技论文等则多用书面语汇，显得庄重、典雅、严谨。

2. 句子的锤炼

语法锤炼的要求如下：一是句子要合乎语法规范。规范是指用词造句的结构规律。单个的词，按照有序衔接的规律，组合成句子。要表达准确，除了应正确选用语词外，还必须具备一定的语法知识。一句得体的话往往是完整的，有适当的修饰、得当的搭配、语义衔接、逻辑严密。很难想象，那些不合语法和逻辑要求、语病甚多的文章，能让读者准确理解作者的本义。

二是句式的选择。在现代汉语中，句子的结构是多种多样的。有口语句式，也有书面语句式。有长句、短句、整句、散句，还有陈述句、反诘句、祈使句、感叹句、主动句、被动句、倒装句、肯定句、否定句等。在言语交际中，往往可以用意思相同或相近的句式来表达。不同的句式，有不同的语气和色彩、不同的特点和风格、不同的表达功能。文章写作应根据表情达意的需要，对不同的句式进行比较，灵活安排文章句式，做到长短结合、整散交错，充分适应文章情感、气势的表现需要。

（二）修辞

人们在写作时，总要在词语的选择、句子的组织以及各种表现手法的运用上，下一番推敲、琢磨的功夫，以期准确地表情达意，把文章写得更好。这就是修辞，不同的修辞具有不同的表达效果。

1. 语言的联系美

世界万物是各自独立又相互联系的。在运用语言反映事物时，若能自然巧妙地将它们联系起来，就会产生一种美，即语言的联系美。有此功效的手法很多，常用的是比喻、借代、比拟、通感、象征。

（1）比喻。比喻就是打比方，是利用事物之间的相似点，以另一事物来表现所要说明的事物。比喻可分为明喻、暗喻、借喻、引喻。运用巧妙的比喻，通过类似的联想，可以使深奥的道理浅显化、抽象的概念形象化、笼统的意思具体化，可以妙笔生花，增强语言的生动性和形象性，可以使作品出神入化、熠熠生辉。所以比喻的运用非常广泛。

（2）借代。借代是不直接说出所要表达的人或事物，而是借用与之密切相关的人或事物来代替。如"我们要采取多种措施搞好'菜篮子工程'"句中的"菜篮子工程"，就是今天我们经常用到的一个借代，指"鱼、肉、蔬菜等副食品的生产和供应"。

借代的方式或以特征代替本体，或以专名代替泛称，或以具体代替抽象，或以部分代替整体，或以结果代替原因，或以定数代替不定数。但无论如何，借体都必须有明显的代表性，与本体关系明确而贴切，而且为人所共知。正确地运用借代手法可以引发联想、触动感情，从而突出人或事物的特征，增强形象性和鲜明性。

（3）比拟。比拟就是运用联想，通过比拟来说明或描写的修辞手法。比拟可分为拟人和拟物两类。拟人是将事物人格化，赋予物以人的思想、行为和特点，增加艺术感染力；拟物是把人当作物来写，或把此物当彼物。比如冯至的一首小诗《我是一条小河》，就是把作为爱情双方的人比作物，把"我"比作"小河"，把"我的恋人"比作小河里的"影儿"。正确地运用比拟的修辞手法，可以使表达富于变化，化静态为动态，使动态更传神、更具表现力和感染力。

（4）通感。通感是指有意识地打通视觉、听觉、味觉、触觉、嗅觉等感觉界限，使各种感觉彼此交错使用，或用这一种感觉代替另一种感觉，又称"移觉"。在写作中如能很好地运用通感，就能充分调动读者的各种感官，引发丰富的联想，给人以美的享受。现代作家中，朱自清是极善于运用通感的一位作家。

（5）象征。象征是指通过某一特定的具体形象，表现与之相近似但蕴含无限丰富的概念、思想或情感。象征的意义不是事物本身所具有的，而是作者通过比喻、拟人等手法赋予的，是托义于物、借物言志；同时也需要通过读者的联想，从有限的具体事物中去感知。

2. 语言的匀称美

匀称是美学的基本原则，也是语言艺术的原则。在实际写作中，人们往往使用对偶、排比、顶真、回环等手法，来达到语言的匀称美。

（1）对偶。对偶是用字数相等，内容相对称、相关或相反，结构相同或相近的成对词组或句子，相互映衬、相互补充，表达相对立或对称的意思。它形式齐整醒目，音节匀称悦耳，语言凝练含蓄，句句相衔、字字相俪，富有音乐性和节奏感，是我国传统的修辞手法，使用极为普遍，如诗歌、对联、俗语、格言、文章标题等常用此法。

（2）排比。排比是将三个或三个以上结构相同或相近，语气一致，内容相关，字数大体相等的词组或句子成串排列起来使用。排比是极富表现力的修辞格，说理严谨透彻，表达周密概括，抒情酣畅淋漓，条理清楚、步步深入，节奏鲜明、情绪激昂，给人以排山倒海之感，读起来有节奏感、富旋律美，适用于多种文体。

（3）顶真。顶真又叫联珠，是用上一句结尾的词语做下一句的起头，一句顶一句，首尾相连、上递下接。根据结构特征，顶真可以分为直接顶真和间接顶真。直接顶真是顶真部分无其他词语间隔，前边分句末尾的一个词语，就是后面分句开头的一个词语。而间接顶真则有其他词语间隔。运用顶真，可以使语言结构严谨，语势贯通，说理透彻，写景清晰，叙事有序，抒情绵密，音律流畅，更好地表现事物之间的连锁、承接、递进关系，造成一种一气呵成的气势。

（4）回环。回环是将上一句的开头做下一句的末尾，上一句的末尾做下一句的开头，运用相同的词语回环往复的巧妙配合，以表示两者之间相互依存或相互对立的辩证关系。如我们平常所说的"人人为我，我为人人""开水不响，响水不开""用人不疑，疑人不用"等。这种手法能揭示对立统一的关系，反映事物之间的制约关系，语言凝练，表意精深，耐人寻味。

3. 语言的变化美

齐整匀称的语言是美的，但一味地追求均衡会造成单调、呆板。这时我们往往会运用双关、反语、夸张、婉曲等手法，来推波助澜、交错整散，变单调为灵动。

（1）双关。双关是利用语音和语义，使语句兼有双重意思，表面上说一层意思，里面又含有另一层意思。言在此而意在彼，里面那层意思才是真意所在。如"东边日出西边雨，道是无晴却有晴""春蚕到死丝方尽"，其中的"晴""丝"就是利用同音或近音而构成双关意义，是谐音双关。而鲁迅的"夜正长，路也还长，我不如忘却，不说的好吧"则借助于词语的多义性构成双关，是语义双关。

（2）反语。反语就是说反话，即用相反的话来表达自己的意思，可分反话正说和正话反说。鲁迅的杂文，常用反语的形式来追求讽刺的效果。反话正说往往具有嘲弄的意味，多用于揭露和批判、讽刺和抨击；而正话反说则独有俏皮生动之效。使用时应当注意分寸和一定的语言环境，力求明朗，切忌含混不清，让人误解。

（3）夸张。夸张是指为突出和强调某一事物，而特意夸大或缩小事物的形态、含义和作用，从而鲜明地表达作者的爱憎，深刻而生动地揭示事物的本质，强烈地抒发作者的感情。夸张往往侧重于主观情意的抒发，而不在于如实地反映客观情况。它的妙处是不似真实却胜似真实，常用于文艺作品和政论文中，说明文、应用文和科技论文一般不使用夸张。

（4）婉曲。婉曲是指不直截了当地说出本意，而有意用含蓄委婉的方式来表达。鲁迅在《祝福》中说祥林嫂死了的"老了"一词，用的就是此法。婉曲可分婉言和讳言。婉言是指不直陈其事、直指其义，而是用与此相关的事来烘托或暗示；讳言则是为了避讳而故意闪烁其词、迂回措辞，既能够使本意模糊，又能使人领略其意。婉曲借含而不露的语意发出弦外之音，收到言有尽而意无穷的效果。这种方法除科学论文中用得较少外，一般可以广泛运用于各类语体。

4. 语言的侧重美

在实际写作中，作者往往有自己的表现重点。而适当地使用反复、层递、映衬等手法，则可以在表达中自然巧妙地突出重点。

（1）反复。反复是有意重复使用某些词语或句子，前后呼应，以突出思想和强调感情，可分为连续反复和隔离反复。反复能使语气紧凑、节奏明快，让作者的感情得以更酣畅淋漓的抒发，也给读者以强烈的印象和感染力。当然，无谓的反复，只会给人以空泛杂沓的累赘之感。

（2）层递。层递是将所要表达的事物，按大小、难易、远近、高低、长短、轻重等，分层递升或递降地排列起来，呈现出客观事物之间逐步发展的关系。使用层递，要有三个以上的事物，按递升或递降的关系排列，使语言环环相扣、语义紧紧相连、道理层层深入、感情渐渐加强。

（3）映衬。映衬又叫衬托，是为了突出主要事物，用其他与主要事物相似、相关或相反的事物，从正面或反面来陪衬主要事物的方式。它能使本体在衬体的映衬下更加鲜明、突出。

在言语使用中，上述修辞格常常是综合使用、取长补短、相映成趣或相得益彰，使语言表达更绚丽多彩、灵活多变。辞格的综合运用，可分为融合运用、结合运用、汇合运用、复合运用等形式。

使用修辞方法，要根据表达的需要和文体的要求，并不是用了修辞格就一定能收到好的效果。如文艺作品为了追求语言的艺术美、追求生动感人的艺术效果，会广泛灵活地使用修辞手法；而说明文、应用文（公文）则用得较少，即便要用，也受到较大的限制。在公务员录用考试中，应试者应根据实际情况，灵活应用。

参考文献

[1] 傅来兮，王馥庆. 丝绸之路教科文发展中语言文字推广对策研究 [J]. 陕西广播电视大学学报，2019，21（4）：72-78.

[2] 刘继文，良警宇. 文化资本理论视角下瑶族语言文字的传承与发展研究 [J]. 广西民族研究，2019（5）：166-173.

[3] 范媛媛，杨艳辉. 浅析汉语言文字的艺术特点与创新设计：评《汉语言文字研究》[J]. 新闻爱好者，2019（6）：99.

[4] 吴文文. 从东汉碑刻通假字考订东汉语音 [J]. 安康学院学报，2017（6）.

[5] 胡湛. 汉语言文字的特点及其对中国文学的影响探讨 [J]. 长江丛刊，2015（25）.

[6] 李莎. 汉语言文字对中国文学的影响 [J]. 佳木斯教育学院学报，2018（3）.

[7] 于俊英. 浅析汉语言文字对中国文学的影响 [J]. 剑南文学（经典教苑），2018（1）.

[8] 张军. 谈汉语言文字对中国文学的影响 [J]. 剑南文学（经典教苑），2017（3）.

[9] 罗雨晴. 语言的深渊：论中国语言文字对中国文学的影响 [J]. 金田（励志），2016（12）.

[10] 蒋冀骋. 三十年来汉语言文字学研究的回顾与反思 [J]. 湖南师范大学社会科学学报，2009（4）：119-124.

[11] 王百涛. 二十世纪八十年代以来现代汉语语法研究概况综述 [J]. 内蒙古民族大学学报，2010（3）：10-12.

[12] 陈昌来. 中国语言学史研究的现状和思考 [J]. 上海师范大学学报（哲学社会科学版），2018（3）：117-124.

[13] 闫方洁，宋德孝. 历史虚无主义的解构主义叙事及其方法论悖论 [J]. 思想教育研究，2017（4）：76-79.

[14] 张强. 从解构主义视角解析汉字设计艺术 [J]. 采写编，2017（5）：63-64.

[15] 汤晓燕. 解构主义视角下的汉语言文字学研究 [J]. 北方文学：下，2016（2）：150.

[16] 吴迪. 现代技术手段在汉语言文字学中的应用 [J]. 长春教育学院学报，

2014，30（1）：100-101.

[17] 吕东晖．现代教学技术手段在大学英语阅读教学中的应用 [J]. 现代商贸工业，2016，37（10）：157-158.

[18] 徐时仪．二十世纪训诂学研究回顾 [J]. 古籍研究，2003（2）：90-97.

[19] 暴慧芳．汉语古文字合文研究 [D]. 重庆：西南大学，2009.

[20] 赵家栋，董志翘．敦煌文献中并不存在量词"笙" [J]. 语言科学，2012（2）：436-440.

[21] 毛远明．"皃"的俗变考察 [J]. 中国语文，2010（5）：557-560.

[22] 吴继刚．唐《张弼墓志》释文校正 [J]. 西华师范大学学报（哲学社会科学版），2013（4）：101-104.

[23] 吴继刚．《新中国出土墓志·陕西卷》释文校正 [J]. 四川文理学院学报，2013（4）：86-91.